La jeune fille et la Vierge

DU MÊME AUTEUR

Forêt profonde, Le Rocher, 2007.
Notre femme, Ateliers in-8, 2007.
Le Carnet rose, Robert Laffont, 2006.
Nue, avec Bernard Matussière, Fitway Publishing, 2005.
Sept nuits, Robert Laffont, 2005.
La Chasse amoureuse, Robert Laffont, 2004.
Satisfaction Robert Laffont, 2002.
Une nuit avec Marilyn, Zulma, 2002.
Politique de l'amour, Zulma, 2002.
La Vérité nue, avec Stéphane Zagdanski, Pauvert, 2002.
Ma vie douce, Zulma, 2001.
Nus devant les fantômes, Franz Kafka et Milena Jesenska, Éditions I, 2000.
Autopsie, www.inventaire.invention.com, 2000.
L'Exclue, Mille et Une Nuits, 2000.
Lilith, Robert Laffont, 1999.
Corps de femme, Zulma, 1999.
Moha m'aime, Gallimard, 1999.
Poupée, anale nationale, Zulma, 1998.
Il n'y a plus que la Patagonie, Julliard, 1997.
Le Chien qui vouait me manger, Gallimard, 1996.
La Nuit, Joëlle Losfeld, 1994.
Derrière la porte, Robert Laffont, 1994 ;
Quand tu aimes il faut partir, Gallimard, 1993.
Au corset qui tue, Gallimard, 1992.
Lucie au long cours, Le Seuil, 1990.
Le Boucher, Le Seuil, 1988.

Alina Reyes

La jeune fille et la Vierge

Bayard

ISBN 978-2-227-47645-5

3 et 5, rue Bayard, 75008 Paris.

Pour Asia et Zoé.

Il arrive que tout au bout de la nuit, au fond du gouffre, les innocents passent soudain par un minuscule trou et tombent vers le haut, dans la lumière.

Bernarde-Marie Soubirous (« Souverains », en langue d'oc), toi qui te déclaras par écrit si « pressée intérieurement », je te connais. Il est trois heures du matin, nous sommes je ne sais plus quel jour vers la mi-décembre 2006, voilà trois semaines que je suis ici seule dans ma grange isolée, entourée de neige, à quarante kilomètres de Lourdes et mille six cents mètres d'altitude, des jours entiers dans le silence et la grâce de la solitude voulue. J'ai éteint la lumière mais soudain les mots affluent, serrés autour de moi, pour me parler de toi. Ils font un peuple si nombreux, je suis obligée de rallumer pour leur dire sur la page blanche de mon cahier : je viens. Dès demain je viens, je suis à vous. Je suis là, je vous sens, je comprends ce que vous voulez de moi, je vais dormir avec vous et au réveil je ferai de mon mieux pour vous accueillir et vous offrir, foules ardentes.

Parmi vous je vois se présenter aussi les mots de bien des poètes et des penseurs ; qu'ils entrent librement dans ce livre qui s'ouvre, qu'ils soient là, Bernadette, pour te faire cortège de leurs beautés, qu'ils portent haut leurs flambeaux pour témoigner à leur façon de ta vision, l'Apparition. Les mots de gloire des pauvres en esprit, de ceux qui ont su comme toi s'évider d'eux-mêmes pour recevoir le Souffle.

Pieds nus je me relève, j'ouvre la fenêtre de ma chambre, debout en suspens sur le rebord de granit je regarde vers le pic du Midi où douze fois une nuit d'été m'apparut la Vierge couronnée, je contemple le ciel constellé en conversation avec les crêtes blanches, je suis des yeux la courbe de la Voie lactée, qui me dépose dans la neige douce, profonde et immaculée de ma prairie pentue, d'où s'élève la dentelle des fines branches engivrées... Oh, le Peintre jette dans le tableau une étoile filante, grand arc de cercle d'un vif coup de pinceau !

Je dis merci et je me retire, je me couche, l'étoile avec sa traîne de lumière continue à descendre en moi, les yeux fermés je m'endors en montant dans la nuit bienheureuse.

Bernadette, je dis *je* parce que *je* va vers toi. Voilà ce que figure ton aventure avec Aquero, « Cela » qui t'apparut et te parla. Nous voyons confusément comme dans un miroir, dit l'Écriture, puis un jour nous voyons face à face. Et c'est de ce jour que je veux te parler. De là, depuis ce lieu, ce jour où tu as vu.

Tu as vu puis revu, dix-huit fois. Chaque retour au buisson était une acceptation chaque fois approfondie de ta vision, Aquero, que tu appelas au début tour à tour « la petite demoiselle », « la fille blanche », « la petite fille », et qui, de même que le bouton se transforme en fleur puis en fruit, devint « la Dame », et enfin « l'Immaculée Conception ».

J'ai tant songé depuis quelques années (pardonne-moi de rester vague, je suis comme toi, je n'ai pas la mémoire des dates) à ce qui s'est passé à Lourdes, où je suis venue résider quand je n'étais plus rien, devant cette grotte où je me suis rendue en profane, sentant une proximité avec ma propre aventure d'amour et me demandant : que s'est-il passé ?

Voici donc que trois jours après avoir terminé ce roman où je posais la question pour mon compte, soudain les mots accourent pour me demander de dire ce que j'ai compris de toi et de ta vision. Je suis un peu fébrile et désemparée, comment vais-je les faire tous entrer et se disposer harmonieusement dans l'enclos d'un livre, alors qu'ils se pressent tant ? Je me présente à toi avec le sourire que tu m'as donné dans la nuit et je te prie de m'accepter comme amie de fortune, puisqu'il me faut essayer de t'éclairer à mon tour, toi qui fus la petite amie de la Lumière.

À lire ton histoire dans la profusion de livres qui te sont consacrés, et surtout dans le monumental dossier en sept tomes réuni par René Laurentin, où je recueille la majeure partie des éléments concrets qui m'inspirent ici nombre de recoupements, j'ai le sentiment que le premier miracle de Lourdes, c'est celui du langage. Tout parle, la nature aussi bien que les êtres humains. Et c'est en entrant en dialogue avec ce « Tout parle », que nous trouvons accès à ce qu'on appelle l'arrière-monde, un monde transcendantal qui est en fait tout simplement le monde réel – contrairement à la croyance répandue selon laquelle le monde réel serait ce monde illusoire et partiel, fait de matière visible, de cadavres et d'argent, dans lequel nous croyons vivre. Le vent parle, l'eau parle, les feuilles des arbres parlent, les corps enflammés parlent, comme parlent les traces d'animaux dans la terre ou la neige, les arcs dans le ciel et les livres. Le Verbe s'adresse à nous, vivre c'est l'écouter et lui répondre. C'est ce que je veux faire en tendant l'oreille pour percevoir comment s'est dite cette histoire, et ce qui s'y est dit. En essayant de donner à voir ce que j'entends.

Les noms, d'abord. Aujourd'hui encore dans ma vallée, on a, comme à Lourdes il y a cent cinquante ans, gardé l'usage d'appeler les gens par le nom de leur maison, plutôt que par celui de leur père. Et de remplacer leur prénom par des sobriquets ou des diminutifs : Louisette, Pierrot, Louisou... Je me souviens de Matau, un sacré personnage, je n'ai jamais su d'où lui venait ce nom. Matau est mort aujourd'hui, ça arrive souvent aux gens d'ici de mourir avant l'heure, et souvent de mort violente, eux qui vivent dans l'amour et la rigueur implacable de la montagne.

Je parle de lui parce que je l'aimais bien. Élevé jadis par des paysans du village voisin, tout en musculature sèche et puissante comme les hommes d'ici, avec des mains en battoirs et une âme brute à la façon dont l'art peut l'être, non raffinée par la culture, un concentré d'instinct, de volonté et de folie assumée. L'hiver il travaillait à la station de ski, la nuit quand les pistes sont désertes il leur refaisait une beauté à bord de sa dameuse. Il m'est arrivé de monter dans l'énorme engin avec lui, il écoutait *Les quatre saisons* le son à fond et on descendait longuement dans le noir, troué par les phares dans lesquels la neige soulevée voltigeait et scintillait, plus fine, plus blanche que jamais, jouant ardemment de sa lumière avec celle du ciel criblé de constellations. Matau dans l'ordre de la société faisait partie des tout derniers, mais comme quelques autres hommes ici il a donné sans le savoir à une femme lettrée l'une de ses plus belles et inoubliables expériences en ce monde, de celles où l'on tutoie l'autre monde.

Matau vivait seul et buvait sec, à jeun cette carcasse de tueur était presque timide mais une fois ivre il devenait volubile et irrésistible, sa mèche se mettait à lui tomber sur le front, le faisant soudain ressembler comiquement à Hitler, accoudé au comptoir il racontait ses démêlés avec le garde-pêche ou l'examinateur du permis de conduire, c'était souvent les mêmes histoires mais il savait si bien y faire pour les dire et les redire, faire monter la tension, captiver son auditoire... on attendait chaque tournant en jubilant d'avance et ensuite on se répétait ses mots à la maison ou entre amis, on en riait encore, il donnait du bonheur, d'être ce qu'il était, Matau au cœur douloureux et au nom venu d'on ne savait où. Et je parle de lui parce que lui c'est toi, c'est moi.

Dans ce pays donc, presque tout le monde a deux prénoms et deux noms, comme les artistes qui usent d'un pseudonyme. Tu as été baptisée Bernarde-Marie devant Dieu, tu fus Bernadette Boly pour les hommes. Soubirous par ton père (lui-même fils d'un certain Joseph et d'une certaine Marie – sourire du hasard), Boly du nom du moulin où tu es née, qui fut aussi la maison natale de ta mère et qui donna son second nom à ton père. Façon de dire que tu es, comme chacun, à la fois de l'Un et des autres, à la fois esprit et corps, que tu tiens à la fois du temps et de l'espace, du sang et du sol, du pérenne et de l'éphémère, que tu as un nom écrit et un nom oral, un nom officiel et un nom intime, etc.

Tous effets de miroirs dédoublés par la tradition locale, et aussi, dans ton histoire, par le parler de deux langues, le patois et le français, que tu commençais à apprendre au moment des faits, de même que, venant tout juste d'entrer à l'école et au catéchisme, tu découvrais deux univers : l'écrit d'une part, la parole de l'Évangile d'autre part. Éléments d'une importance capitale, à mon sens. Quel effet peut produire sur l'esprit d'une enfant sensible (timide, disaient tes tantes), inculte et humiliée, le fait de s'ouvrir soudain, de s'embarquer, à quatorze ans, vers ces nouveaux mondes ? Quatre semaines après le début de ce double apprentissage, en tout cas, quelque Chose allait commencer à t'appeler avec insistance à la grotte.

Bernarde rejoignit Marie. *Je est un autre*, dit Rimbaud, l'esprit est *ce mouvement du Soi qui s'extériorise de soi*, observe Hegel.

« Ah ! Bernadette, vous passez les plus grands poètes dont vous êtes la sœur », écrit Maurice Barrès. C'est exactement ce que je sens, depuis le début. Depuis mon séjour là-bas dans ce lieu par toi transfiguré, je pense à Rimbaud. Jean Arthur Nicolas Rimbaud, enfant prodige du verbe, visionnaire né dans ton siècle, dix ans après toi. Lui poète de génie, toi voyante de génie. L'un et l'autre éternels, éternel jeune homme, éternelle jeune fille. Ses formules : *se faire voyant... changer la vie...* Ce que tu as vu et la façon dont tu l'as vu, toi, unique parmi bien d'autres qui virent aussi la Vierge en ces montagnes, a changé ta vie mais aussi celle de ta ville, de centaines de miraculés et de dizaines de millions de pèlerins. Barrès le dit, ta grande œuvre est « d'avoir avivé dans une multitude d'âmes l'étincelle divine ». Dix ans plus tard, Arthur Rimbaud s'apprêtait, bateau ivre, à quitter la *flache*, flaque d'eau en son patois, pour les sources du verbe et aviver dans une multitude d'âmes l'étincelle poétique, l'avènement par la parole de la lumière. Tous deux enfants d'une famille naufragée, renforcés d'avoir appris, lui le latin et la littérature, toi les agneaux et la nature. Il n'avait pas dix-huit ans qu'il disait votre *âge d'or* :

Je chante aussi, moi :
Multiples sœurs ! voix
Pas du tout publiques !
Environnez-moi
De gloire pudique... etc.

Tu as écrit, toi aussi. Entre seize et vingt et un ans, comme lui. Sept récits des apparitions. Rédigés dans ton français tout neuf, de ton écriture toute neuve, faibles de syntaxe et d'orthographe mais animés d'une grande force littéraire, celle que confère à tout texte fondateur son long polissage préalable par la succession des récits oraux.

Avant de la coucher sur le papier à sept reprises, pendant deux ans tu avais raconté des centaines de fois ton histoire à qui te la demandait, du commissaire de police au simple curieux en passant par les gens d'Église (un peu comme Matau, en fin de soirée, racontait son mémorable examen de permis de conduire à Lourdes, avec ses passages clés que tout le monde attendait : « Arrivés aux abattoirs... », et la fin, montrant ses poings énormes : « Poum ! poum ! Je lui ai refait ses lunettes ! »).

Ces récits autographes sont passionnants, surtout quand on sait un peu « comment ça se passe », l'écriture. Irai-je tout de suite ? Oui. Revenons plus tard à ta vie. Rien de mieux pour te dépoussiérer et te faire sortir du musée de cire, Bernadette, que de te lire à même ta main, dans toute ta fraîcheur.

Tout commence comme dans un conte :

J'allai au bord du gave ramasser du bois avec deux autres petites, elles passèrent l'eau elles se mirent à pleurer, je leur demandai pourquoi pleuraient-elles ?

Virgules pour faire couler vive, douce et elliptique la phrase, allitérations en *l,* eau, larmes, mouvements liquides, aller, passer, se mettre à, balancements du *je* à l'*elles*, du passé simple à l'imparfait, jamais la même dans la même eau, eût dit Héraclite, d'emblée un pourquoi, un point d'interrogation, un départ loin de la maison, un soudain chagrin mystérieux... Tel est le début du premier des récits (lettre à l'abbé Gondrand, du 28 mai 1861). Génial dans sa concision, sa sonorité, la multitude d'images en boucle qu'il décline. Le bois mort, la terre humide dont l'auteur n'a même pas besoin de parler pour qu'on la sente, le ruisseau, les petites filles, leurs pleurs, la voix de la récitante qui interroge... Que va-t-il se passer ? Le décor est planté, le suspense en place, comme disent les professionnels, mais pas par une professionnelle, cette phrase qui coule de source le proclame assez. Par une visionnaire, une qui a vu et qui donne à voir, un poète naturel, comme on dit « mystique naturel ».

Voyons comment elle s'y prend pour commencer une deuxième fois par écrit la même histoire, trois ans plus tard :

La première fois que je fus à la grotte j'alais rammassai du bois avec deux autres petites filles, qu'and nous fûmes au moulin je leurs est de mandez si elles voulait allez voirs où l'au du moulin allez se joindre au gave (...)

Plus de larmes dans le tableau, mais une grotte, *la* grotte, un moulin, et des eaux qui se joignent. Il en sera ainsi, à peu près, dans les récits suivants. Qui toujours débuteront par « La première fois ». Une sorte de « il était une fois », vague aussi quant à la date mais plus énergique, introduisant non une situation mais un acte, nettement ancré dans le réel et la mémoire, et bien sûr appelant une succession d'autres fois. Moins d'émotion désormais dans l'entrée en matière, plus de temps a passé, six ans depuis les visions, Bernadette lentement, tout en y replongeant, s'extrait de son aventure.

Ce jour-là elle veille moins à son orthographe, peut-être est-elle fatiguée ou n'y a-t-il personne pour la corriger, mais grâce à cette fatigue et aux lapsus orthographiques qu'elle occasionne, elle se révèle de plus profond encore :

Je leurs est, écrit-elle. Voici que *je* se met à parler à la troisième personne. Je est un autre, mais cet autre est à eux, cet autre tantôt singulier et tantôt pluriel qui est *leurs*... Maintenant ses deux compagnes ont passé le gave devant la grotte, « donc, écrit Bernadette, je me *trouée* seule de l'autre coté ». Après quoi, elle essaie de voir si elle ne pourrait pas traverser l'eau sans se *déchoser*. L'oreille du psychanalyste et celle du métaphysicien apprécieront la portée de ces mots venus eux aussi de l'autre côté, ces lapsus d'orthographe. L'oreille qui résume les autres, l'oreille absolue de la littérature, entendra l'accord possible avec l'Alice de Lewis Carroll, son « autre côté du miroir » où l'on tombe comme en un trou, et où sont certaines *choses* d'une inquiétante étrangeté, pour le moins.

Ayant finalement entrepris de se déchausser, à peine retiré un premier bas, la petite *trouée seule* entend comme un bruit de vent, tourne la tête, constate que « les arbres ne se remuaient pas », continue donc à se *déchoser*, entend de nouveau la rumeur, lève alors la tête et voit pour la première fois, dans le trou sombre qui lui fait face, la chose blanche en forme de demoiselle.

« J'aperçue une Dame en blanc », écrit-elle six ans après, avec ce verbe conjugué à la fois en passé simple actif et participe d'une forme passive, comme si la vision était réciproque : j'aperçois et je suis aperçue, de façon concomitante. La langue écrite de Bernadette procède par raccourcis, comme les images dans les rêves. L'inconscient parle. Il parle si puissamment qu'un siècle et demi plus tard, le lieu où il s'exprima ainsi est le plus grand centre mondial de pèlerinage, accueillant six millions de personnes par an. L'inconscient, comme on ne disait pas encore, la chose apparaissant avant le mot, de même que *Cela* vint avant la *Conception*.

L'inconscient ou quelque chose d'autre, qu'en effet elle nomma de façon frappante et judicieuse Aquero : Cela, en patois. Quelque chose d'autre qui s'annonce comme un souffle et donne de l'esprit même aux arbres, puisqu'il est dit qu'ils étaient « très calmes », ou « ne *se* remuaient pas » (troisième récit). Puisqu'il est parlé d'eux comme de personnes. Animisme sans doute – qui vit proche de la nature, même chrétien, est animiste – mais la suite prouvera que l'esprit ici présent est plus grand que tel ou tel esprit de tel ou tel élément. « Je fus un peu *saisi* », écrit-elle, mais on sent que tout est saisi, l'eau, l'air, les végétaux, l'enfant. D'ailleurs, si les arbres ont valeur quasi humaine, elle-même qui se trouve soudain incapable de lever sa main « jusqu'au *frond* » pour faire le signe de croix, n'est-elle pas aussi un peu changée en arbre, avec pour front une *frondaison* que sa paralysie soudaine l'empêche de toucher ?

Il y a là une ivresse qui vous prend malgré vous : « je », qui recommence à parler de soi à la troisième personne, « me frotait les yeux, mais envin », puis essaie de se signer, « en vin ». Tout cela est-il bien catholique ? Les choses ont beau s'arranger, la dame a beau saisir son chapelet et faire le signe de la croix, libérant les mouvements de l'enfant qui se calquent alors sur les siens, le doute demeure. Lors de la deuxième apparition, Bernadette l'asperge d'eau bénite en lui demandant de rester si elle vient de la part de Dieu, « et si non de *s'analez* ». Souvenons-nous qu'en cet endroit humide et écarté, où les bouses favorisent la poussée du cresson sauvage que la petite voyante broutera bientôt, on envoie paître vaches et cochons. Et que dans la cour du cachot où elle vit alors avec sa famille, se trouvaient, témoigna le cousin Sajous, « des communs qui débordaient et faisaient l'endroit très infect. Nous y avions le fumier. » Un peu plus tôt, quand la dame lui a fait signe d'approcher, « je n'est pas aussez », écrit Bernadette : *je* n'a pas osé parce que *je* n'est pas assez haut, *je* ne put pas, même si ce *je* l'écrit par effraction « je ne *pue* pas ».

Tout avait pourtant commencé dans la blonde odeur du blé, pour Bernadette. Sa naissance aussi avait des accents de conte de fées. Amour et transgression : le meunier François Soubirous, défiant la tradition, a réussi à obtenir la main non de Bernarde, l'aînée des Castérot, qui lui était offerte, mais de sa cadette, la douce Louise aux cheveux d'or, dont il est épris. Du moulin Latour, où il était employé, le voici donc marié et installé au moulin Boly.

En Bigorre, c'est le premier-né qui hérite, qu'il soit fille ou garçon. Bernarde est donc lésée, mais on n'a pu faire autrement pour remplacer au travail le père Castérot après sa mort. Désormais on appellera François comme sa belle-famille, du nom de ce moulin qu'ils font fructifier depuis plus d'un demi-siècle. Les nouveaux époux devront partager leur vie et composer avec la sœur aînée, la belle-mère et les trois autres enfants. François a près de vingt ans de plus que Louise et tous deux sont amoureux mais aussi un peu indolents, généreux et hospitaliers, toujours prêts à faire crédit et à partager un verre... Malgré les pressions d'un entourage que cette légèreté inquiète, le 7 janvier 1844, à la naissance de Bernarde-Marie (ainsi nommée en hommage à tante Bernarde, puisque c'est à elle que François aurait dû faire un enfant), c'est encore la belle vie au moulin. Où Louise cuisine les beignets dorés qu'on partage avec les clients et voisins de passage, l'après-midi, en buvant du vin joyeux. Mais si l'on y danse, c'est sur un fil au bord du ravin, où l'on ne va pas tarder à glisser, en une longue chute, jusqu'au fond de l'abîme.

Si François avait épousé Bernarde, comme on le lui demandait, elle aurait sans doute su, avec son caractère bien trempé, le mettre au pas et le faire travailler rationnellement. Mais sans doute avait-il envie d'une autre sorte de femme, une qui ait une vision moins comptable de la vie. Longtemps les voyageurs se sont étonnés de la grande liberté des filles et des femmes en ce pays, qui disposaient des mêmes droits que les hommes, notamment le droit d'aînesse, et travaillaient comme eux. On peut lire dans le *Guide des Pyrénées mystérieuses* ce témoignage datant de la première moitié du XXe siècle : « On trouverait difficilement dans la vallée une pucelle de quatorze ans. J'en ai marié une récemment qui n'avait qu'un bâtard ; pour le pays c'était presque une vierge !... Personne n'y trouve rien à redire. Même si elles ont un enfant avant le mariage elles sont sûres de trouver un épouseur, le père de l'enfant... ou un autre... » Et moi je me souviens de ma grand-mère, la petite Sophie, presque aussi petite que Bernadette et dotée de la même physionomie butée et décidée, née à la fin du XIXe siècle dans une ferme pauvre du Béarn, pas loin de Lourdes. Ma grand-mère qui m'amusait même dans mon enfance par sa liberté sans façons, sa jeunesse aventureuse, son indépendance de toujours, et ne pouvait pas me faire imaginer, pas plus que mon autre grand-mère, landaise et sacrée maîtresse femme, que certaines personnes de mon sexe avaient besoin, plus que les hommes, d'être « libérées ».

Toute cette histoire, et les apparitions de la Vierge, se déroulent donc dans un environnement où l'existence des femmes, sans aller jusqu'à parler de matriarcat, est très forte. Après les petites filles de la première vision, très vite ce sont les femmes qui prennent le relais auprès de Bernadette, l'accompagnent, la soutiennent, portent l'affaire. Plutôt les femmes du peuple, et pas toujours de la meilleure moralité, certains s'en offusqueront mais c'est ainsi, on peut avoir la cuisse légère et aimer la Vierge, ça se comprend même très bien. Très présentes donc la tante Bernarde, qui avant de se marier à son tour a été fille-mère ; Mme Milhet, la grosse bonne à la coquetterie extravagante qui a épousé son maître (elle sera bientôt veuve mais ne le restera pas longtemps), qui emploie Louise, la mère de Bernadette, et invitera cette dernière à venir dormir chez elle ; la voisine et amie de Louise, Cyprine Gesta, fille-mère de deux enfants, réputée sans moralité...

Et oui, vous avez bien lu, prénommée Cyprine et nommée Gesta. Quel romancier aurait osé rêver d'un tel patronyme, pour stimuler l'imaginaire autour de la féminité, ses capacités de jouissance et d'enfantement ? Et puisque les mots et les noms sont décidément tellement signifiants dans ce roman de l'Éternel Auteur, signalons aussi la fameuse Mme Pailhasson, Marie-Rosella Pailhasson, « la belle chocolatière », l'élégante, la beauté locale... Les protestants pensent encore que c'est elle que Bernadette surprit dans la grotte, en chemise fine et galante compagnie, et qui aurait abusé l'enfant en se faisant passer pour la Vierge. Roger Grenier lui a consacré, dans son recueil *La fiancée de Fragonard*, une très belle nouvelle, intitulée *Le pèlerinage*. Rebaptisée « Mme Latapie » (tapie dans la grotte ? le motif dans le tapis est en tout cas plus seyant que dans le paillasson), elle est la protagoniste d'une histoire d'adultère qui lui revient, quarante ans après, en miroir du temps perdu. Ce texte offre bien davantage qu'une fantaisie d'écrivain au point de vue très libre. Sous ses airs de légèreté, sans même convoquer l'amour simplement humain, il ouvre une méditation profonde sur le sens de la vie, la solitude de l'être, le nécessaire face-à-face avant le dénouement, l'irrémédiable mélancolie d'un esprit intelligent mais qui ne peut plus espérer de secours transcendant.

Cette femme, sur laquelle on a continué de rêver plus d'un siècle après, ne hantait-elle pas déjà un peu le séduisant commissaire Jacomet (né à Argelès, tout près, de père inconnu), qui à plusieurs reprises, lors de ses interrogatoires, demanda à Bernadette si Aquero était aussi belle que Mme Pailhasson ? Épouse du pharmacien, elle avait des dettes énormes chez son tailleur et les trois bien bigotes demoiselles Tardhivail la disaient « légère »... tiens, vous avez lu *Madame Bovary* ? Mais elle n'était certainement pas, malgré les ragots, dans la grotte avec tel bel officier, en ce 11 février : trois jours plus tôt, elle avait accouché de son cinquième enfant, Emma (je n'invente pas). En revanche, selon un témoignage de l'époque, Bernadette aurait déclaré qu'Aquero, « la petite demoiselle », ressemblait à sa fille aînée, Marie-Louise Blaisette Justine, alors âgée de dix ans. Encore plus belle que sa maman... À ne pas confondre avec son homonyme Sophie Pailhasson, quadragénaire « rude et sèche », dit Laurentin (oui, ce peut être aussi cela, un essuie-pieds) qui déclara elle-même avoir envoyé à Bernadette un « violent soufflet » le lendemain de la deuxième apparition, irritée de savoir qu'elle prétendait avoir vu quelque chose qui s'était annoncé par un souffle si doux... Ce qui ne l'empêcha pas, un peu plus tard, de la suivre pour assister en convaincue à ses autres visions.

La deuxième beauté de la ville, à laquelle le fringant commissaire fit aussi allusion, s'appelait Melle Dufo. Mais elle aussi c'était du faux, Pailhasson ou elle, en comparaison de la Dame « elles ne peuvent pas y faire », répondait Bernadette.

On sait que le Diable, le Menteur, se manifesta beaucoup, durant et après la période des apparitions, sur les lieux mêmes, à la *tute*[1] *aux cochons*. Poussant des cris, émettant des sifflements, lançant des cailloux, provoquant des éboulements, des tourbillons de flammes, faisant grimacer quelques dizaines d'enfants soudain touchés par une épidémie de visions mais qui parurent plus possédés qu'illuminés, distribuant des raclées sans agresseur visible, déclenchant des accès de paralysie, des contorsions, et même le choléra ou la diarrhée... toutes facéties auxquelles les autorités policières et religieuses s'employèrent à mettre un terme en fermant la grotte pendant plusieurs semaines par une palissade.

C'est dans les habitudes du démon de se trouver aux endroits où Marie se montre... De poursuivre de ses assiduités celles et ceux qui adorent la Sainte Vierge... Mais ne s'était-il pas en quelque sorte secrètement associé au destin de Bernadette bien des années plus tôt ? Il y avait à Lourdes, jadis, un certain Boly. Oui, Boly, comme le moulin natal de la future voyante. Ce petit malin avait envie de connaître le Diable, racontait-on. Une minuit de vendredi saint, il se fit emmener par une sorcière dans un terrain vague où il put rencontrer le tentateur, vêtu de rouge, auquel il fit mine de vouloir vendre son âme. Mais au moment de signer, il l'aspergea

1. *Tuta* en occitan signifie « grotte ».

d'eau bénite, puis s'enfuit avec le registre où étaient consignés les noms de ceux de ses concitoyens qui avaient accepté le pacte. S'ensuivit une folle course-poursuite, au terme de laquelle Boly, d'un bond, sauta dans le cimetière, lieu consacré où le Diable ne put le suivre. Ainsi sauva-t-il les âmes damnées de la ville, tout en narguant très ironiquement le dupé.

Bernadette était impubère au début de 1858, mais certainement pas pudibonde ni sainte-nitouche. Pas de bigoterie chez cette jeune adolescente. Même si on faisait ses prières chez les Soubirous, ce n'était le genre ni de la famille ni du voisinage ni du pays, d'être aussi terriblement embarrassé de son corps qu'on pouvait l'être dans d'autres lieux et milieux en ce morne siècle. Sans insister sur le fait que les parents et leurs quatre enfants dormaient tous dans la même petite pièce et qu'ils ne disposaient d'autres sanitaires que la boue de la cour, c'était aussi une enfant de la nature, puisqu'elle venait de passer quelques mois à la campagne comme bergère. Après avoir travaillé au cabaret de sa tante Bernarde, où elle ne dut pas entendre que des enfants de chœur. Elle avait alors treize ans, côtoyait là sa jeune tante Basile, à son tour enceinte et non mariée, et servait le vin, dont elle buvait peut-être un peu par la même occasion, le médecin lui en ayant prescrit pour se fortifier.

Du pain blanc (à cause de son estomac fragile, elle était la seule à y avoir droit, les autres mangeaient de la pâte de maïs, moins chère), et du vin... Son corps... Son sang... Oui... Mais... Meunier, tu dors, ton moulin, ton moulin va trop vite... Quand je pense à ce moulin... la vanne... la roue à eau... la meule... la farine... Quelle perte pour toute la famille quand tu le perdis, meunier !

La perte d'un univers. Et la mémoire gardée malgré soi d'un univers où tout se transforme, passe d'un état à un autre, l'eau par la grâce de la roue devenant énergie, le blé moulu devenant farine, la farine pain et beignets... Juste avant d'avoir sa première vision, Bernadette qui, ayant contourné le cimetière, venait de ramasser des os dans la Vallée de Paradis, franchit la passerelle de bois devant un autre moulin, le moulin de Savy... Qui parle lui aussi, l'entendez-vous ? De l'intérieur même de son nom, et de sa roue qui tourne dans le ruisseau... La roue, la rose, les os, l'eau, la vie... Tout s'en va, tout s'inverse, tout revient...

La première chose que tu perdis, François, ce fut elle, ta fille adorée, âgée de neuf mois, qu'il vous fallut mettre en nourrice jusqu'à ses deux ans, ta femme Louise, déjà fatiguée par une nouvelle grossesse, s'étant par accident brûlé un sein.

Tout ne semble-t-il pas surréel dans cette histoire ? Constellé de signes ? De symboles ? D'images fortes même si elles ne dévoilent pas leur sens ? On le sait, les apparitions de la Vierge se comptèrent par centaines, dont beaucoup au XIXe siècle, et dans les Pyrénées où l'on est accoutumé depuis des temps immémoriaux à voir partout dans la nature des « dames blanches », fées des sources ou de l'air... Seulement il y en a une qui a « marché », extraordinairement marché, bien mieux encore que celles de La Salette ou de la rue du Bac, antérieures de quelques années ; une seule qui a aussitôt déclenché la ferveur populaire, et vivement intéressé bien des écrivains. Huysmans, Zola, Barrès, Werfel, Jammes, Mauriac... Croyants ou non, chrétiens ou non... Et tiens, même la comtesse de Ségur, oui, celle des livres de notre enfance. Elle n'a rien écrit sur le sujet, mais l'eau de Lourdes l'a guérie, à la suite de quoi son fils s'y est rendu et en a tiré un livre, *Les merveilles de Lourdes*.

Les merveilles, nom des beignets que faisaient mes grand-mères et ma mère, parfumés d'amour et d'éternel... Il y a bien des façons pour les femmes d'être « sentinelles de l'invisible », selon la lumineuse formule employée par Jean-Paul II lors de son dernier pèlerinage à Lourdes.

Tu vois, Bernadette, je tourne autour de ton aventure, je la prends par un bout puis par un autre, mais tu me suis, n'est-ce pas ? Ou c'est toi qui m'entraînes, et moi qui te suis. Quoi qu'il en soit ma plume fait des torsades, c'est ainsi. Je pense aux rosaces dans les églises, aux roses de Marie, qui peut dire où est le premier pétale, où le dernier ? Ni fin ni début, c'est le propre de l'être entré dans l'infini.

Quand je viens passer des semaines à la montagne, seule dans ma grange isolée, je me sens protégée par mes livres, ma bibliothèque. Et par Dieu, par la connaissance, consciente ou non, qu'ont de Dieu les hommes là-haut, à cause de la pureté des eaux, l'été, et de la blancheur de la neige, l'hiver. Matau, j'écris son nom comme ça sans savoir comment il s'écrivait, mais on est près de l'Espagne et j'y entends *matar*, tuer. Parce que c'était une force de la nature et que la nature tue. Ce qui signifie qu'elle est la vie, aussi. C'est sa nature de l'intérieur qui l'a tué, Matau. Le rocher qu'il avait sur le cœur, qu'on lui avait collé sur le cœur en faisant de lui un enfant abandonné. Même si de ses poings énormes il avait dessiné deux yeux au beurre noir à l'examinateur qui lui avait refusé, injustement selon l'histoire qu'il racontait si drôlement, le permis de conduire, c'était un doux, une âme gentille. Ça s'est passé il y a bien longtemps, mais j'y pense encore quand je circule dans Lourdes : tiens, on approche des abattoirs, c'est là où Matau est resté à suivre un vélo sans le dépasser, croyant s'attirer la reconnaissance pour son gros effort de patience. Au lieu de quoi l'examinateur lui a dit qu'il se traînait trop, alors il s'est lancé à toute allure dans les rues pour montrer aussi sa dextérité au volant, finissant par un créneau impeccable. Quand l'autre, ne comprenant décidément rien à ses talents, lui a dit « il faudra revenir », son sang n'a fait qu'un tour et, poum ! poum !

Tu as dû en connaître des comme ça, Bernadette, il y en a pas mal, dans ce pays. Toi aussi d'ailleurs, tu avais ton air buté, cet air des montures qui refusant de se laisser commander, vous envoient valser par-dessus l'obstacle. Seulement les êtres humains c'est comme les montagnes, ils cachent une source. Matau n'a sûrement jamais lu un seul livre, mais il avait une autre connaissance. Il savait raconter les histoires, et aussi il sentait bien la neige, c'est pourquoi il était un très bon dameur, même avec quelques verres de trop dans le nez. C'est important pour bien damer une piste d'avoir le sens de la neige, il ne faut pas croire qu'il suffit de l'aplatir froidement avec son gros engin, il y faut de l'observation, de l'analyse, de la finesse, du tact, en quelque sorte de l'empathie avec cette neige. N'y a-t-il pas le mot *dame* dans *dameuse* ? Il savait, Matau, percevoir l'imperceptible.

Cet hiver-là comme les autres, Bernadette, tu avais dû avoir l'occasion d'admirer les sommets enneigés, ces merveilleux grands navires au large de la ville. Tout le monde aime la neige et s'émerveille quand elle arrive. Les enfants l'adorent. Si blanche, si légère, si lumineuse, si pure... Promesse de joies, recouvrant tout de sa beauté, de sa douceur. Enveloppante sans peser, aérienne, défiant la gravité, semblant vous soulever, duvet d'anges, vous aspirer vers la source du ciel.

La neige fine, tendre et volatile comme la farine qui se faisait au moulin de ton père... Boly, pauvre meunier, nous revoici treize hivers en arrière, en arrière des apparitions. Ta première-née tant aimée, voilà qu'il te faut la mettre en nourrice à Bartrès, à quelques kilomètres de chez vous. Ta jolie Louise, sa mère, s'est brûlé le sein, ou bien elle est fatiguée par une nouvelle grossesse, on ne sait pas trop, les deux peut-être. Et puis cette enfant n'est-elle pas autant celle de Bernarde, l'aînée, qui lui a donné son nom ? La jeune Louise n'a-t-elle pas été un peu dépossédée de son nouveau-né par sa sœur et leur mère, si pleines d'autorité ? Puisque Bernadette est dotée d'une mère improbable, autant l'envoyer chez une autre encore. On pourrait voir là la naissance d'un complexe qui aurait donné à cette enfant le désir de trouver en la Vierge l'image d'une mère idéale et stable. Pourtant, elle le répéta jusqu'au bout, c'est une toute jeune fille que Bernadette allait voir à la grotte, pas plus grande ni plus vieille qu'elle. Une sœur idéale, en laquelle trouver refuge contre la folie des adultes ?

Je me souviens que ma grand-mère Sophie, la petite Béarnaise qui ressemblait à Bernadette, parlait toujours, dans mon enfance, de sa « sœur de lait », avec laquelle elle avait gardé un lien très fort. Sur ma demande, elle m'avait bien expliqué qu'elle avait été nourrie au sein par sa mère en même temps que la fille d'une autre femme, mais ce terme, sœur de lait, continuait à m'intriguer. C'était une ouverture, de savoir qu'il y avait une autre façon d'être frère et sœur que par le sang. Une ouverture qui n'existe d'ailleurs pratiquement plus aujourd'hui, du moins dans les sociétés occidentales. Par le sang ou par le lait, deux façons pour l'esprit de se communiquer et de lier les êtres entre eux.

Tu allais donc devenir la fille de lait de Marie Aravant, une jeune femme de vingt ans qui venait de perdre son premier-né, ton frère de lait, un enfant mort.

Les femmes enfantent et nourrissent, mais ce sont les truies qui, ensuite, veulent réincorporer les hommes dans leur ventre pour les y maintenir prisonniers. La Vierge, elle, conçoit l'être humain en pur esprit d'amour, par soumission bienheureuse et sans calcul ; et plus tard, lui ouvre sa poitrine pour lui permettre de venir se lover dans son cœur, aux heures où il a besoin de repos, puis de repartir libre. Ce sont les porcs qui cherchent le ventre en oubliant le cœur. À la *tute aux cochons*, toi petite fille, ayant traversé la misère humaine, tu allais balayer la malédiction en répondant à l'appel de l'Immaculée Conception, celle du cœur, du souffle, de l'air qui gonfle les poitrines par où vient le Verbe.

Tous les jours, François Soubirous trouva un prétexte ou un autre pour se rendre à la campagne, à Bartrès, voir son bébé. Les manuels de puériculture aujourd'hui disent que neuf mois est le plus mauvais âge pour séparer l'enfant de ses parents. Mieux vaut le mettre à la crèche ou chez une nounou quelques mois plus tôt ou plus tard. Mais on ne choisit pas toujours, et c'est vers neuf mois que Bernadette fut donc arrachée à sa mère et à son père, lequel cependant lui rendit régulièrement visite.

Qu'il y ait eu de l'amour dans cette famille, je veux bien le croire, à voir la jeune fille que cette enfant est devenue. Mais c'est peut-être tout simplement le propre des saints, de posséder la plus grande force dans la plus grande fragilité.

Beaucoup d'adversité de l'extérieur, beaucoup d'amour de l'intérieur. Au bout de cinq mois Bernadette est de retour chez ses parents, elle repartira encore quelque temps en nourrice puis ne les quittera plus. Sauf de nouveau cinq mois durant, de nouveau pour Bartrès, non plus comme enfant choyée mais comme servante maltraitée cette fois-ci. L'histoire nous impose souvent de ces retours. Le criminel revient toujours sur les lieux de son crime, dit-on. Si l'on considère que n'importe quel être humain est un « criminel », au sens où toute vie advient comme en échange d'une mort, se présente toujours l'heure où il faut solder le compte, d'une façon ou d'une autre. Une heure qui peut se reproduire plusieurs fois, une infinité de fois au cours d'une vie, sans que nous en ayons toujours conscience.

Quand je vivais à Bordeaux il y avait une expression qui disait : « Va mourir à Bègles ! » (une banlieue de la ville). Eh bien, le moment était en quelque sorte venu pour Bernadette d'aller « mourir à Bartrès », cette espèce de banlieue, de lieu où s'exproprier, s'expatrier de soi. Ces sortes de morts, si elles se mènent à terme, aboutissent à une renaissance spirituelle. Depuis les premières années de bonheur au moulin de Boly, la vie de la famille Soubirous n'était plus qu'une interminable dégringolade. De loyers impayés en loyers impayés, on avait habité des endroits de plus en plus étroits et sinistres, le père avait perdu son métier, lui et la mère se louaient aux tâches les plus ingrates, il avait même été emprisonné quelques jours, accusé d'avoir volé de la farine chez son ancien employeur, le boulanger Maisongrosse. Sur les neuf enfants que Louise mettra au monde, cinq mourront en bas âge.

Maintenant parents et enfants, tous mal nourris, s'entassent donc dans la pièce en terre battue du fameux cachot. L'ancienne prison, abandonnée parce que trop insalubre. Les Sajous ont leur appartement au-dessus, s'ils ne laissaient ce réduit en rez-de-chaussée à leur cousin Soubirous il serait à la rue avec sa famille.

Voilà qui ne va pas arranger les crises d'asthme de Bernadette. Elle a même attrapé le choléra (ou quelque chose qui y ressemblait fort), cette année 1854 où l'épidémie fit rage à Lourdes, cette année où Pie IX promulgua le dogme de l'Immaculée Conception. Le commissaire Jacomet, qui allait mener quatre ans plus tard les interrogatoires de « la petite voyante », est déjà dans le tableau. Bel homme grand, brun, élégant, gai, généreux, courageux, intelligent, brillant. Participant activement à la lutte contre la maladie, au mépris du risque de contagion, frictionnant les malades avec des bouchons de paille, selon le régime prescrit par les médecins, écrivant au préfet : « Je suis sur un terrain brûlant ; j'y marcherai sans crainte. » Lui que ses sens pressaient d'aller parfois « courir » la nuit, comme on disait, se préparait ainsi sans le savoir à rencontrer bientôt le regard encore plus vif d'une minuscule jeune fille que l'appel d'une autre sorte de féminité faisait aussi courir, tous les matins à l'aube.

À l'âge des *premières communions* que chanta Rimbaud, *L'enfant se doit surtout à la maison, famille/Des soins naïfs, des bons travaux abrutissants.* Après avoir servi quelque temps au cabaret de sa tante, Bernadette, toujours pour soulager la famille, part travailler chez son ancienne nourrice, celle dont elle avait remplacé le premier-né mort et qui vient de mettre au monde un nouvel enfant. Lequel va mourir à son tour pendant son séjour. Le temps revient, et ses malédictions aussi. Marie est maintenant très brusque avec cette fille qu'elle a nourrie et qui, comme par ingratitude, est toujours en vie alors que ses fils sont emportés par la mort. La petite va sur ses quatorze ans, il serait temps qu'elle fasse sa communion et elle s'en soucie, toute pétrie qu'elle est, en bonne aînée, du sens de ses responsabilités. Mais pour pouvoir prier il faut avoir de quoi manger et survivre, c'est la priorité. La voici donc, malgré les rebuffades, affairée auprès du petit dernier, Jean, qui dans quelques semaines mourra en bas âge comme ses deux frères précédents. Elle est aussi chargée de toutes sortes de tâches dans la maison de Bartrès, et employée à la garde de quelques vaches et brebis.

Bientôt quatorze ans, encore toute petite et menue, mais quand même à l'âge difficile de quitter son enfance, au seuil de la métamorphose, au passage délicat et terrible où l'être humain prend son plus grand risque spirituel, celui de perdre sans retour son innocence. *Puis la Vierge n'est plus que la vierge du livre/ Les mystiques élans se cassent quelquefois*, écrit encore

Rimbaud au sujet de sa petite communiante. J'imagine que ces quelques mois passés à la campagne, s'ils furent éprouvants, donnèrent aussi à Bernadette un puissant goût de l'éternité. Toute seule à la grange dans le silence de la prairie paisible, elle a connu ce que connaissent les bergers, êtres à part, initiés, depuis toujours inquiétants et enviés : au long des heures, une expérience du mystère au moins digne d'un programme rimbaldien, une reconnaissance des signes de la nature et de l'invisible, une pénétration de l'essence du monde qui ne peut s'acquérir que dans certaines conditions, dénuement et isolement opérant la dilatation du temps qui ouvre le passage.

Heureux les pauvres en esprit, c'est-à-dire ceux qui sont parvenus à faire le vide en eux. Heureux sommes-nous quand nous faisons de notre corps un temple vide, prêt à accueillir. L'abbé Pierre, qui a tant lutté contre les injustices de ce monde, a déclaré un jour à Lourdes qu'il ne fallait pas faire de misérabilisme avec l'histoire de Bernadette. La tentation du dolorisme est si forte dans le christianisme. Pourquoi se bercer d'illusions ? La misère, quelles que soient ses formes, souvent éteint les hommes, comme la richesse. Certains mystiques ou maîtres spirituels accèdent en beauté au plus grand dénuement, y compris matériel. Mais reste valable la leçon de ceux des Pères de l'Église qui prônaient une aisance matérielle mesurée. Le plus important est la pauvreté en esprit, a rappelé aussi l'abbé Pierre, bien placé pour savoir que la misère tue l'homme, l'assassine en esprit avant d'avoir sa peau : « Le mot de pauvreté n'est pas satisfaisant dans la langue française. Il évoque à la fois la misère qui tue et la pauvreté des Béatitudes. Aidons nos contemporains à définir la misère comme ce qui empêche d'être homme, mais osons dire aussi, avec l'Évangile, qu'une certaine intelligence de la pauvreté est une condition pour être homme. Bernadette de Lourdes était avant tout pauvre au sens évangélique. »

Bernadette elle non plus n'aimait pas la douleur, quoiqu'elle souffrît beaucoup et avec beaucoup de courage au couvent de Nevers, jusqu'à la fin de sa courte vie. Le goût de la douleur est trop souvent une commodité. *Je redoute l'hiver car c'est la saison du comfort*, écrivait Rimbaud. Dans l'hiver de la douleur ressassée, on peut rester bien moralement calfeutré. Ceux qui ont subi les souffrances de la vie malgré eux, comme Bernadette, ceux qui comme l'abbé Pierre ont trouvé leur dignité d'humains à lutter contre elles, ne peuvent pas les aimer. Cette sorte de goût est le propre de ceux qui ont été trop gâtés par une vie confortable, et qui cherchent rédemption ou évasion dans une autre facilité, dans ce genre de perversions que sont le dolorisme ou le nihilisme, dans ces passions si actuelles que sont l'attrait esthétique pour le néant et le masochisme masqué.

Cela ne signifie pas, pour autant, que la souffrance est sans vertu. La souffrance endurée et surmontée, contrairement à la souffrance complaisamment recherchée et entretenue, peut sans doute tout enseigner. Du moins est-ce l'ensemble de l'expérience humaine qui peut tout enseigner, avec ses joies et ses souffrances. Il nous faut chaque jour apprendre à apprendre de la douleur, mais aussi à ne pas négliger la joie, entendre ce qu'elle révèle et ne pas l'oublier afin de garder en nous sa lumière, même très cachée, aux heures les plus sombres. Un exemple extrême de la force incroyable que peut receler un cœur au bout du plus total désespoir est donné par le témoignage du père Éloi Leclerc dans son livre *Le soleil se lève sur Assise*. En 1945, les SS évacuent une partie du camp de Buchenwald, où il pensait, dit-il, « avoir atteint le fond de la détresse ». Pourtant le pire restait à venir. Au bout de trois semaines de transport en train dans des conditions d'épouvante totale, hommes entassés debout dans les wagons, squelettiques et noirs de saleté, mourant sur place de faim, de soif ou sous les coups de leurs bourreaux, « le sentiment d'être abandonnés à la sauvagerie des hommes et du destin était plus fort que jamais », raconte-t-il.

« Il se produisit alors un événement inoubliable, mais d'un éclat tout intérieur. Nous étions quatre frères franciscains dans notre wagon. L'un de nous était à la dernière extrémité. Déjà son regard s'éteignait et nous avait presque quittés. Or, tandis qu'il se mourait, le *Cantique de frère Soleil*, de François d'Assise, vint spontanément à nos lèvres et nous le chantions. Un geste insensé de notre part ! Comment pouvions-nous chanter un tel chant en un tel moment ?

« Et pourtant, c'était le seul langage qui nous paraissait convenir à la démesure de ce que nous vivions. Nos voix à peine audibles s'élevaient comme un souffle fragile. Ce n'était qu'un filet de voix, écrasé par le roulement du train et du destin. Mais c'était le chant de l'univers. Nous chantions la splendeur de la création, la lumière, la vie, la grande fraternité cosmique et humaine. »

L'Immaculée Conception est venue à toi, jeune fille, pour rappeler, du fond de la *tute aux cochons*, l'humanité à la prière. Celle de saint François, qui savait parler aux oiseaux, est l'une des plus belles parmi les plus belles :

Loué sois-tu, mon Seigneur, avec toutes tes créatures,
spécialement messire frère Soleil.
par qui tu nous donnes le jour, la lumière :

il est beau, rayonnant d'une grande splendeur,
et de toi, le Très-Haut, il nous offre le symbole.

Loué sois-tu, mon Seigneur, pour sœur Lune et les étoiles :
dans le ciel tu les as formées,
claires, précieuses et belles.

Loué sois-tu, mon Seigneur, pour frère Vent,
et pour l'air et pour les nuages,
pour l'azur calme et tous les temps :
grâce à eux tu maintiens en vie toutes les créatures.

Loué sois-tu, mon Seigneur, pour sœur Eau.
qui est très utile et très humble,
précieuse et chaste.

Loué sois-tu, mon Seigneur, pour sœur notre mère la Terre,
qui nous porte et nous nourrit,
qui produit la diversité des fruits,
avec les fleurs diaprées et les herbes.

J'ai mis ton visage en fond d'écran de mon ordinateur. Mon dernier geste quotidien, au milieu de la nuit, est de l'éteindre. Les icônes du bureau disparaissent et pendant quelques secondes tu t'y retrouves à nu dans la fraîcheur, la beauté, le mystère éclatant de tes traits ronds et nets. Chaque fois c'est comme si tu venais de naître, d'apparaître au monde. Chaque fois nous n'en avons que pour quelques instants, toi et moi. Je te regarde intensément, toi qui me fixes de ce regard qui me rappelle celui de Kafka, ce regard venu de très profond, ce regard si calme, si sombre, si discrètement souriant. C'est ce regard de toi que je veux sur la couverture de mon livre.

D'où revenez-vous donc, lui et toi ? Quel mal s'apprête à vous tuer si jeunes, l'un et l'autre, comme aussi Rimbaud ? Quelle voix m'appelle par vos trois visages si directs ? Tes yeux sont les leurs, mes yeux traversent ces yeux qui voient à travers moi, qui vivants étaient déjà d'outre-tombe. Vite, l'écran va passer au bleu puis s'éteindre, je ne te lâche pas, je te regarde, je t'absorbe. J'écris sur toi, je te regarde. C'est ma façon de te demander pardon, droit et aide. Tout fait silence, nous sommes en janvier et je suis retournée à Paris avec ma famille mais j'attends que tous dorment pour cet ultime rendez-vous de la journée. Ton visage disparaît, je me couche, nue sur le dos, les mains croisées sur la poitrine. Elles font ça d'elles-mêmes, ce n'est pas moi c'est mon corps qui de lui-même se dispose ainsi. Dans le noir mon voyage commence, vers la lumière.

J'appelle ça prier. Je ne récite aucune prière, je n'en sais pas. Je ne demande rien. Je n'aspire pas à un Ciel habité d'une sorte de Père Noël dont je pourrais espérer tel ou tel bienfait, encore moins telle ou telle satisfaction. J'aspire simplement à gagner le Ciel, ici même en cette vie, jour après jour, nuit après nuit. À le gagner et à le perdre, pour le gagner de nouveau, le perdre encore et le retrouver toujours, le feu à l'âme. Mon âme en flammes m'allume le ventre, je sais que j'atteins la prière réelle quand je pourrais crier et me tordre de joie, même si je reste muette et immobile comme une morte. J'aspire à être absolument seule dans un dialogue qui est tour à tour de paix et de guerre, j'aspire à la question de l'amour, qui est tour à tour gifle et joie, j'aspire à la gifle qui réveille, reçue ou envoyée, et à la joie qui transporte et transfigure. Je n'aspire pas à l'ataraxie mais au combat, à la destruction et à la jouissance, aux assauts toujours renouvelés. Je suis virile dans ma relation à Dieu, autant que féminine, accueillante. Je suis au-delà de l'homme et de la femme mais rien moins qu'asexuée, avec Dieu, je suis toute sexe, de là où le sexe est si pur et absolu qu'il rejoint l'amour, Éros et Agapé unis dans la même brûlure. « En Dieu le désir d'éros est extatique. Dieu aussi sort de lui-même lorsqu'il captive tous les êtres par le sortilège de son amour et de son désir », disait Denys l'Aréopagite. Et je Le vénère de me permettre de repousser ainsi sans cesse les limites de ma liberté, avec Lui par conséquent avec les hommes. À aller aussi loin, souvent je ne sais plus que faire de moi-même et je me demande comment je tiens encore dans mon corps, comment je n'en meurs pas, d'épuisement et de plénitude.

Puis j'écris, je combats avec l'ange.

Je t'aime, mon ange.

Mon ange est ma cachette. Lectrice, lecteur, as-tu trouvé ton ange en cette vie ? Toi seul sais quelle ou quelle forme il prend pour toi. Combattre d'amour avec l'ange est le secret pour gagner le royaume terrestre, c'est-à-dire la vie. Si vite nous perdons la vie, et sans nous en rendre compte. En ce monde moderne où l'on fait si grand cas de la vie du corps, au point de l'insulter en le traitant comme une mécanique à maintenir en état de marche forcée, un assemblage d'organes et de gènes trafiquables, une marchandise, un morceau de viande à consommer, viande qui doit consommer ou viande exportable pour la consommation, qui a encore une idée de ce qu'est la vie de l'esprit, qui s'en préoccupe vraiment, qui sait consumer sa vie ?

« Un homme stupide accompagnait Jésus », racontait il y a huit siècles Rûmî, le grand poète soufi. Voyant des ossements au fond d'une fosse, il lui demande de prononcer le Nom par lequel il pourra les faire revenir à la vie. « Tais-toi », lui répond Jésus, « cela nécessite une haleine plus pure que la pluie et d'action plus percutante que celle des anges. »

Dans cette histoire drôle, l'imbécile continuant d'insister lourdement, Jésus s'exclame : « Ô Seigneur, quels sont Tes desseins cachés ? Qu'est-ce que le désir de cet imbécile de se livrer à cette œuvre inutile ? Comment cet homme malade ne se soucie-t-il pas de lui-même ? Comment ce cadavre ne se soucie-t-il pas de la vie (spirituelle) ? Il ne s'occupe pas de sa propre âme morte et cherche à faire revivre les ossements d'un étranger. »

De guerre lasse, Jésus finit par accéder à la demande de l'homme. Du tas d'os, ressuscite alors un lion noir, qui jaillit de la fosse et d'un coup de patte tue l'écervelé. Tel est l'usage usurpé que nous faisons aujourd'hui du nom de Dieu.

Ainsi donc, tu as ce regard, Bernadette, qui pourrait être celui de mon ange, celui que j'aime et avec qui je combats. Prie pour moi, petite demoiselle, je sais si mal prier. Comme toi je suis restée au fond de mon cœur une humble fillette qui n'ose rien demander aux Grands. Transmets s'il te plaît que je voudrais que mon ange ne meure jamais tant que je suis vivante, et que je supplie Marie de veiller sur lui, s'il arrive que je ne sois plus en mesure de le faire. Mon ange habite en qui j'aime, homme ou enfant. Qu'ils aient toujours une femme douce pour leur sourire.

Tu as ce regard d'un jeune homme à « l'air d'un paysan pas trop grossier », comme toi, et aux « plus beaux yeux que j'ai vus, avec une expression de bravoure prête à tout sacrifier quand il était sérieux, d'une douceur enfantine, exquise, quand il riait, et presque toujours d'une profondeur et d'une tendresse étonnantes », tu as ce regard d'Arthur Rimbaud tel que décrit par son ami Delahaye, ce regard de tous les vrais poètes.

Tu as ce regard qui pourrait être celui d'Isidore Ducasse, cet enfant ombrageux, de deux ans ton cadet, qui l'année suivant les apparitions, en 1859, entrait comme interne au lycée impérial de la ville voisine, Tarbes. Ce jeune homme mort plus tôt encore que Kafka, Rimbaud ou toi, à l'âge de vingt-quatre ans, sans avoir laissé d'autres traces de lui que *Les chants de Maldoror*, signés comte de Lautréamont, et des *Poésies* où il écrit : « Je veux que ma poésie puisse être lue par une jeune fille de quatorze ans. »

Pourquoi quatorze ans ? C'est l'âge auquel tu vis la Vierge, il ne pouvait pas ne pas avoir été impressionné par ta déjà fameuse histoire, lui qui, un an après les faits, venait vivre à quelques kilomètres de toi et de la grotte. Il ne pouvait pas ne pas connaître ton visage, dont on vendait déjà des reproductions photographiques par milliers. Un tout jeune adolescent, comme toi. Lui d'un milieu social plus élevé, mais tout de même, c'était toi, la star. Il a dû te trouver belle. En te regardant, il a peut-être senti se réveiller Maldoror en lui. Le héros de son poème, aux pulsions dangereuses. Un jeune homme « en mal d'aurore », comme toi qui t'étais mise à courir tous les matins à l'aube vers ton rendez-vous lumineux. Et devenu poète, il écrivit aussi :

« Dès que l'aurore a paru, les jeunes filles vont cueillir des roses. Un courant d'innocence parcourt les vallons, les capitales, secourt l'intelligence des poètes... »

Lecteur, lectrice, pardonnez mon impertinence, mais je suis contente de présenter à cette jeune fille qui dut terminer sa vie parmi les bonnes sœurs ces beaux garçons de son siècle, qui plus est fantastiques poètes qui auraient pu la comprendre et aimer lui parler. Car si on n'est pas sérieux quand on a quatorze ou dix-sept ans, on sait reconnaître l'abîme et la lumière, aller au bout de la nuit chercher l'étoile du matin.

« J'ai embrassé l'aube d'été », chantait Rimbaud. Voici tes frères de source, Bernadette, assoiffés de la même eau que toi, celle qui jaillit pure de la boue des antres ténébreuses et se change dans les veines en vin spirituel.

Pourquoi appelle-t-on Marie l'Étoile du matin ? Bien sûr l'aurore c'est le retour du jour, le renouveau de la vie. Et Vénus, si scintillante planète, guide des bergers et des rois, est la compagne fidèle du Soleil, qu'elle veille dans sa disparition et qu'elle retrouve de l'autre côté du monde, lors de sa renaissance.

Mais l'aube, Kafka le savait, est aussi ce moment métaphysique où l'homme se voit tiré de son lit pour être mené à son procès et condamné. Où, selon une autre de ses fables, il lui arrive de se réveiller, au sortir d'un rêve agité, métamorphosé en vermine qu'on voudrait éliminer.

La lumière qui sort du ventre de la nuit n'est pas toujours promesse de joie. Elle sait aussi jeter le plus cruel éclairage sur la condition humaine. Au lever du jour, l'homme parfois se sent plus abandonné encore, plus livré à l'angoisse et au désespoir que dans les fantasmagories où les ténèbres le plongent.

Cette première aube sur Lourdes, le 11 février 1858, n'est pas arrivée toute seule. L'Immaculée Conception doit rester en gestation pendant des siècles avant de se manifester. Des siècles durant elle reste enfouie dans la nuit de la pensée, telle la graine dans le sable du désert, et puis, un matin de pluie de grâce, la fleur paraît, jeune fille aux pieds nus ornés de roses couleur soleil.

... les jeunes filles vont cueillir des roses. Un courant d'innocence...

C'est Elle, la Rose. Qui vient tout au bout du voyage au bout de la nuit. Bernadette l'a fait, ce voyage, avec sa famille. Elle l'aînée, dotée de parents-enfants, elle l'a pris sur son dos, sans une plainte, sans une indignité. Enfant courageuse, intelligente (une certaine imagerie pieuse aime à la faire passer pour bornée, souvent même on choisit ou on trafique ses portraits en fonction de cette idéologie, mais Jacomet, le brillant commissaire qui eut tant affaire à elle, la trouvait, lui, « très intelligente » malgré son inculture), vierge pas du tout folle, elle se préparait, sans le savoir, à accueillir la Vierge pour le monde entier.

Ce voyage-là, dans la nuit puis au jour, n'a rien à voir avec la pratique narcissique et stérile des nantis qui « se voyagent » par désœuvrement spirituel, soit en s'offrant du séjour à l'étranger à prix promo, soit, pour les plus cultivés, en occupant leurs propres *moi* exotiques qu'ils paient d'art, de livres ou d'aventures amoureuses. Dans l'un ou l'autre cas, ces gens-là ne risquent rien, ne jouent jamais qu'avec la vie et souvent le malheur des autres, autochtones, amant(e)s ou artistes, chez qui ils ne font que passer mais qu'ils laissent pollués de leur arrogance.

Voilà, nous savons pourquoi Bernadette, Rimbaud, Kafka, Lautréamont sont morts si jeunes : eux se sont réellement risqués. Risquer sa vie n'est pas nécessairement la perdre, mais bien des alpinistes et des marins meurent précocement.

Comme Rimbaud qui en mourut, Bernadette à la fin de sa vie souffrit horriblement d'une tumeur au genou. Comme Kafka, elle fut emportée par la tuberculose. De quoi mourut Lautréamont on l'ignore, mais ces histoires de genoux et de poumons malades ne sont certainement pas dénuées de sens.

La tête complote avec le corps, disait Kafka à propos de sa propre maladie. Oui, la maladie est un complot ourdi par la tête et le corps, mais dans quel but ? La maladie est une élaboration, une composition, une langue, mais que veut-elle dire ? La plupart du temps nous ne savons pas l'interpréter, son langage nous est plus opaque encore que celui de nos rêves. Et nous savons encore moins lui répondre, alors nous la confions au déchiffrement mécanique de la science. Ou bien, soupçonnant anguille sous roche, nous nous rendons à Massabielle, livrer nos maux au regard de l'invisible qui saura les lire et, peut-être, les dénouer comme l'auteur d'un roman policier dénoue finalement l'histoire compliquée qu'il vient de nous faire vivre par ses mots. Qui saura, même s'il ne guérit nos maux dans notre corps, les apaiser peut-être dans notre âme. Qui saura, sinon nous sauver physiquement, du moins nous sauver en esprit. Voilà le fin mot du complot de la tête et du corps : une quête de salut.

L'étoile du matin, Vénus, était aussi appelée par les Anciens Lucifer (« porte-lumière »). Porteuse du dernier flambeau de la nuit, elle figure ainsi, en un étrange renversement, la chute dans le jour de l'Ange de lumière.

En un seul « astre errant » (« planète »), l'astre le plus attachant, le plus proche, celui qui parle au cœur des hommes en ces instants de basculement, de risque, d'inquiétude et d'espoir que sont le crépuscule et l'aurore, qui face à l'immensité révélée du ciel et à la loi du temps vient fidèlement adoucir leur angoisse métaphysique, en cet astre majestueux et familier s'opère la fusion cristalline de la femme et du Diable, le mariage mystérieux et étincelant de la déesse de l'Amour et du prince du Mal.

Celui que Bernanos appelait « ... l'incompréhensible ennemi des âmes, l'ennemi puissant et vil, magnifique et vil. L'étoile reniée du matin : Lucifer, ou la fausse Aurore... ».

La « fausse Aurore », l'aurore du menteur, chute de la lumière, est une aurore qui ne vient jamais, le reniement de l'étoile. Consumation, réduction en cendres de la vie par la mort.

La maladie est une fausse aurore qui réclame réponse. La réponse de l'artiste à la malédiction, sa voie de retour à l'innocence, son « bond hors du rang des meurtriers » selon la formule de Kafka, consiste à faire revivre, en une épiphanie constante, en l'homme l'enfant. L'innocent chute, mais d'une juste chute. « L'aube et l'enfant tombèrent au bas du bois », dit Rimbaud, voici le vrai matin, la chute qui fait se lever la lumière : « Au réveil il était midi. » L'enfant Bernadette, victime d'une longue chute dans la misère, un matin d'hiver à l'aube se retrouva seule dans un lieu isolé, s'accroupit pour se mettre pieds nus : quand elle releva la tête, la lumière lui apparut.

Selon Gustaw Herling, l'Église a peur de comprendre et d'affronter le mal. Grâce au concept de péché originel, « tout est expliqué. L'homme doit être pécheur. » En quelque sorte une façon de clore la question, d'entériner la condition pécheresse de l'homme tout en la rendant supportable : « si l'on se confesse, on redevient propre. Ce qui n'est absolument pas vrai. C'est une tentative, en quelque sorte, comme dans la vie laïque : la personne va voir un psychiatre freudien, elle se confesse et elle se sent un peu mieux. Ensuite, elle recommence. »

La confession, médecine contre le mal, vraiment ? Force est de constater que l'on a beau déverser sa parole dans des confessionnaux, sur des divans, devant des caméras de télévision ou à longueur de blogs, rien n'y fait : on recommence. Là où croît ce qui paraît sauver, croît aussi le péril. La prolifération de bavardage et de discours, agités comme autant de tapettes pour chasser les mouches du mal qui nous harcèlent.

« Nous creusons la fosse de Babel », disait Kafka. Nous la creusons sûrement en confondant la valeur des langues. Le salut ne peut venir que par une langue véritablement poétique, une langue qui parle depuis et avec la chair du monde. Une langue qui agit. C'est dans le silence et la plus grande simplicité qu'elle est venue à Bernadette.

Donc je me trouée seule.

Et de tes seules pupilles tu fis lever l'aurore et changer le monde, advenir en cet instant ce monde dont nous avons si grand besoin, ce monde où « socialisation et spécialisation n'arracheraient plus à chaque âme son individualité, sa perception spontanée de la vie des choses et du sens religieux de la beauté des êtres ; un monde où l'amour devrait précéder toute connaissance ; où le sens de la mort ne serait que la nostalgie de la résurrection », selon les mots d'Henry Corbin, commentant le *Second Faust* de Goethe, où malgré son pacte avec le Diable le fameux personnage finit par obtenir le pardon céleste, « comme un mystère de salut qu'accomplit l'Éternellement Féminin ».

Lorsque vous restez immobile à contempler les arbres immobiles un jour de nulle brise, au bout d'un moment ils commencent à s'agiter doucement, comme de grands animaux longilignes qui vous font fête. Si vous êtes en février en montagne, comme il vient tout à l'heure de m'arriver, c'est d'abord un sapin qui, dans une trouée, de toutes ses branches feuillues tendrement vous fait signe. Vous lui souriez, votre cœur s'ouvre et envoie vers lui des gestes d'amour puissants et secrets comme des ondes radio ; votre vue s'élargit aux arbres qui l'entourent, aux hêtres et bouleaux dénudés. Eux aussi maintenant frémissent des racines jusqu'au bout des brindilles, participent aux retrouvailles. Vous pensez que si vous restez encore longtemps ainsi, vous allez vous évanouir dans le paysage, vous faire absorber par lui. Vous avez connu des jours où vous étiez capable de vous laisser annuler, de vous laisser épuiser, trouer, pour accueillir la pleine lumière et percevoir la voix portée par la radio. Mais aujourd'hui vous avez juste la force de rendre son salut à l'Invisible, vous lever de votre rocher de contemplation et continuer à monter la pente, vos membres ralentis par la joie ; puis redescendre à la maison, l'écrire.

Il y avait une forêt juste au-dessus de Massabielle, couronnant le rocher, une haute forêt sombre où parfois s'aventuraient les loups. Il y avait une petite île, entre les deux ruisseaux, le Lapacca et le Gave. L'île de Savy, de sa vie. Et sur cette île une enfant soudain seule, à qui il allait incomber de faire s'incarner la trouée.

« Est-ce parce qu'elle aime les arbres et les champs, que la neige les embrasse si doucement ? Après cela, vois-tu, elle les met bien au chaud sous son couvre-pied blanc ; et peut-être leur dit-elle : "Dormez bien, mes chéris, jusqu'à ce que l'été revienne." Et lorsque vient l'été, Kitty, et qu'ils s'éveillent, ils se vêtent tout de vert et se mettent à danser... chaque fois que la brise souffle... », dit Alice à sa petite chatte, juste avant de passer *de l'autre côté du miroir*.

Cette neige n'est-elle pas l'*immaculée*, l'*éternellement féminin* ? N'est-ce pas son histoire d'amour avec les arbres qui les fait frissonner ? Chez Lewis Carroll aussi, tout commence avec une petite fille, une vierge. Est-ce la condition pour passer de l'autre côté, qu'il soit profane comme dans l'aventure d'Alice ou sacré comme dans celle de Bernadette ? Ici se pose le mystère de la virginité de Marie, femme par laquelle passe le Souffle, s'incarne le fils de Dieu, tout en gardant sa chair indemne. Comment est-ce possible? *Je me trouée seule*, écrit Bernadette, comme en écho à ce mystère.

Oui, il est question de trou et de solitude, dans cette affaire. Alice passa *au pays des merveilles* en plongeant dans le terrier du lapin. Mais c'est en traversant le miroir qu'elle nous indique qu'une membrane, en l'occurrence de verre, peut être franchie sans être brisée : l'espace d'un instant, la glace au-dessus de la cheminée se transforme en « un brouillard de vif-argent », en vertu du désir de l'enfant. De même que le désir réciproque de la neige et des arbres provoque une transmutation, le retour de l'été et des feuillages, c'est l'innocence du désir qui accomplit le miracle. Ceux qui ne peuvent admettre que Marie soit restée vierge après la naissance de Jésus devraient peut-être relire Lewis Carroll !

Le vif-argent est l'ancien nom du mercure, symbole alchimique universel et principe féminin, liquide comme l'eau qui enclôt Bernadette. Alors qu'Alice pensait impossible la traversée du miroir, la *solution* se fait par le passage du tain à l'état mi-gazeux, mi-liquide (brouillard). Alors que Bernadette, enfant maladive, se désole de ne pouvoir passer l'eau sans prendre froid, un autre élément, l'air, advient pour la sauver. Un souffle, une *rumeur* qui lui fait lever la tête et passer par le regard de l'autre côté, dans la trouée où apparaît cette forme blanche de demoiselle pas plus grande qu'elle. Voilà, Bernadette a traversé elle aussi, et sans rompre la barrière d'eau. Contrairement à sa sœur et à leur amie qui viennent de la passer en relevant leurs jupes haut sur leurs cuisses et en poussant de grands cris, Bernadette s'est *retrouvée* de l'autre côté en respectant la virginité du site, et la sienne par la même occasion.

La fois suivante, sa mère essaiera de lui interdire de retourner à la grotte, notamment parce qu'elle a peur qu'elle ne tombe dans l'eau. L'histoire ne le précise pas, mais n'oublions pas que dans ces montagnes, la tradition prêtait aux eaux le pouvoir de déflorer les filles, et même de les féconder... Pendant que Bernadette commence à se déchausser, cette première fois, les deux autres petites dansent devant la tute aux cochons. Il y a de la joie païenne dans l'air, mais sans doute le désir de Bernadette est-il plus élevé en ce petit matin. Isolée par sa fragilité, plus mûre, plus intérieure, sans doute ressent-elle avec davantage d'acuité la douleur de la condition humaine, la cruauté de leur condition qui les fait sortir si tôt dans le froid pour aller glaner du bois et des os, en tâchant d'éviter les endroits où l'on pourrait les accuser de vol. Toinette et Baloume, plus jeunes que Bernadette quoique plus grandes et plus solides, ont gardé l'insouciance de l'enfance, et puis ce sont des tempéraments sans doute moins sensibles. Bernadette a fait à Bartrès l'expérience de la séparation et de la solitude. Elle qui est née la première au « moulin du bonheur » doit aussi avoir une conscience plus aiguë de la chute de sa famille. Et la voici maintenant seule sur cette bande de terre, moquée par les autres pour son manque de hardiesse. Elles dansent, vaquent à leur ramassage tandis qu'elle en est encore à commencer de retirer un bas pour pouvoir les rejoindre, elles qui vont jambes nues dans leurs sabots. Mais c'est de sa fragilité que lui vient sa plus grande force : puisque, du fond de son désespoir discret de petite paysanne, vient ce qui sauve. Une fois la demoiselle d'en face disparue, c'est comme de *rien* qu'elle traversera le cours d'eau, sans ressentir sa morsure glaciale. Voilà, tout en le franchissant elle est restée indemne, et le site n'a pas été violé non plus, puisqu'il a d'abord été investi par la grâce, dans une relation d'amour réciproque. Puisqu'il est devenu, pour reprendre les mots de Corbin l'orientaliste, un monde où l'amour précède la connaissance ; et où le sens de la mort, figuré aussi par le passage de la rivière, n'est que la nostalgie ou même la joie de la résurrection.

Sous la forêt profonde de Lourdes, s'ouvre donc le trou de Massabielle, qui va soudain s'illuminer. C'est-à-dire parler d'une parole vraie. Car même quand l'apparition ne dit rien, comme cette première fois, c'est, si l'on veut bien considérer l'univers comme une Écriture sainte, ou du moins comme une écriture, le site entier qui parle, l'invisible du site qui manifeste sa parole en la signalant par une rumeur, puis en la figurant sous la forme d'une féminité idéale, toute fraîche, petite et ravissante. En écrivant *je me trouée seule* pour « je me trouvai seule », la langue poétique qui passe par Bernadette dit que se trouver, pour une jeune fille, c'est se reconnaître trouée, au sens spirituel. Trouée non par l'homme, mais par la grâce. Si l'innocence du désir, si la grâce viennent en premier et si elle les garde, alors elle peut ensuite passer le ruisseau sans dommage.

« Le *respect* », écrit Jean-Paul II commentant saint Paul, « qui chez l'homme, naît à l'égard de tout ce qui est corporel et sexuel – soit en lui, soit dans tout être humain, homme et femme – se révèle être la force la plus essentielle pour maintenir le corps "avec sainteté". Pour comprendre la doctrine paulinienne sur la pureté, il faut pénétrer à fond la signification du terme "respect", évidemment compris ici comme force d'ordre spirituel. »

Il me semble que Bernadette, en n'entrant pas dans l'eau à grands cris, fait œuvre de respect. L'esprit païen le savait déjà, qui recommandait de ne pas faire de bruit en approchant d'un lac de montagne, sous peine de réveiller le démoniaque grand bouc enfoui dans ses profondeurs. La nature, de même que le corps humain, se respecte. Toute chair, chair du monde ou chair de l'homme et de la femme, envisagée avec respect, peut garder sa « sainteté ». Alors que toute exploitation méprisante ou inattentive du vivant et de l'être entraîne une avalanche de maux. Il faut une grande qualité de silence pour voir se manifester la Vérité qui délivre.

C'est la vertu de Marie d'avoir toujours conservé en son sein le moment de grâce de l'Annonciation, d'en être restée pleine et de pouvoir la reverser sur qui la reconnaît. Et c'est cette Vierge-ci qui apparaît à Bernadette, la toute jeune fille en âge de recevoir la visite de l'Ange. *Trouée* veut dire cœur ouvert, âme offerte, esprit dans l'abandon, de qui, mystique chrétien ou soufi autant que jeune promise, s'apprête à accueillir le Don.

Il faut se *trouver* dans la trouée pour réaliser ce que Heidegger appelle « éclaircie de l'être », puis dépasser ce stade pour « enfanter », au sens spirituel décrit par Rûmî : « Le corps est pareil à Marie, et chacun possède en lui un Jésus. Tant que Marie n'a pas ressenti les douleurs de l'enfantement, elle ne s'est pas dirigée vers l'arbre du bonheur. Si nous éprouvons en nous cette douleur, notre Jésus naîtra. »

La méditation du poète soufi est ici remarquablement proche de celle d'un Père de l'Église d'Orient, Grégoire de Nysse :

« Ce qui s'est réalisé corporellement en Marie, la plénitude de la divinité brillant par le Christ dans la Vierge, ceci a lieu d'une manière analogue en toute âme purifiée. Le Seigneur habite spirituellement, et le

Père fait sa demeure avec lui (...). Ainsi Jésus enfant naît en chacun de nous. »

Mais nous n'en sommes pour l'instant qu'au tout début du début, en cette aurore où une petite miséreuse de quatorze ans, dans une ville endormie des Pyrénées, montagnes encore arriérées en proie aux crises de la révolution industrielle du XIXe siècle, partie chercher du bois pour chauffer l'infect taudis où elle habite et ramasser des os à revendre pour la fabrication du noir animal, cette peinture déjà utilisée trente mille ans plus tôt pour orner les grottes de la région, cette enfant menue et illettrée qui ne connaît même pas son âge, va, tout simplement, percevoir la très légère brise qui révolutionnera sa vie, celle de sa ville et de millions de croyants à travers le monde.

D'où vient le vent ? D'une rencontre. Dans l'atmosphère, de monumentales masses d'air chaud et d'air froid se croisent. Le chaud veut monter, le froid veut descendre. Leurs aspirations contraires créent des courants qui forment une roue géante et tournent, tournent sans cesse, comme la roue du moulin. Le vent est un état de l'esprit, qui embrasse avec fougue le ciel et la terre, l'au-delà et l'ici-bas, et les met sens dessus dessous, parfois d'un seul baiser léger, comme cette rumeur qui te fit, Bernadette, lever la tête vers le haut de la grotte, pour commencer de te faire voir, du fond du noir, la venue de la lumière.

« J'ai entendu dans la ronce un bruit comme un coup de vent », déclara-t-elle au commissaire Jacomet. Mais elle écrit, et plus souvent parle d'une rumeur, en patois *uo rumor* – terme étonnamment proche du mot hébreu *ruah*, le vent, employé dans la Bible au deuxième verset, où « le vent volette au-dessus des visages de l'eau ».

Le buisson de ronces, ou rosier sauvage, occupe la niche au-dessus de la grotte, à trois mètres du sol, où se tient aujourd'hui la statue de la Vierge. Ce qui surprend d'abord Bernadette, c'est que « les arbres ne se remuaient pas », « les arbres étaient calmes ». Or, alors qu'elle était penchée en train d'enlever ses bas, elle voit en relevant la tête une forme blanche, là-haut dans le buisson. Dans un geste d'enfant qu'elle est encore, elle se frotte les yeux, croyant peut-être à un rêve, ou à un vertige... les relève... la forme est toujours là, une forme de ravissante demoiselle, avec une rose sur chaque pied. Pour le coup, la voici prise d'un *grand sésicement*. Elle veut se signer, mais elle est comme paralysée, impossible de porter la main jusqu'à son *frond*. Cette orthographe indiquerait-elle que la jeune fille, telle Daphné, s'est métamorphosée en arbre, incapable de toucher sa frondaison ? Ou bien ce « frond » dirait-il à la fois le front et le fond de son être ? En tout cas elle n'arrivera à joindre « cela » d'elle que lorsque Aquero, « Cela », juste après, fera le signe de la croix, délivrant ainsi la petite voyante qui pourra désormais l'imiter.

Pascal dit qu'il faut trouver en soi *l'homme caché* afin de découvrir *le Dieu caché*. Peut-être Bernadette, en commençant ce matin-là à se déshabiller au bord de l'eau, est-elle allée vers la vierge cachée en elle, pour progresser ensuite vers la Vierge cachée. En tout cas cette enfant a su, comme le disait Artaud à propos du peintre Uccello, être habitée par « la préoccupation rocheuse et terrienne de la profondeur ». Il y aura peu de paroles et peu de gestes au cours des dix-huit apparitions, mais ce poète le sait aussi : « Deux ou trois signes dans l'air, quel est l'homme qui prétend vivre plus que ces trois signes, et auquel, le long des heures qui le couvrent, songerait-on à demander plus que le silence qui les précède ou qui les suit. »

Bonjour Bernadette, on continue? dis-je en voyant ton visage apparaître sur mon écran d'ordinateur, le matin. Et je me sens « pressée intérieurement », comme tu l'étais d'aller à la grotte, de retrouver ma page blanche, lieu de mon angoisse et de ma béatitude.

Un jour je suis entrée dans le bureau de mon premier éditeur et il s'est exclamé : « Quelle apparition ! » J'avais trente-trois ans et ce jour-là je semblais beaucoup plus jeune, j'y pense parce qu'un jour l'abbé Cros, qui venait de rencontrer Bernadette alors âgée de ving et un ans, lui en donna huit de moins et dit : « Elle est elle-même une apparition. » C'est ce que je ressens aussi des cèpes ou des animaux sauvages, quand j'en vois soudain un dans la forêt. Il est des instants où nous sommes comme eux des surprises de Dieu, jaillies hors du temps des calendriers.

Assister à une apparition, c'est se trouver propulsé comme au sommet d'un jet d'eau ou de lave, propulsé par ce surgissement, cette effraction de l'infini à travers le conduit du temps, au plus haut de la trouée, de la grâce. L'infini est réflexif, il fonctionne en éternel retour, miroir, feed-back. Ce que je vois me voit, ce que mon regard transforme me transforme, ce que je prononce m'arrive. C'est pourquoi j'ai toujours eu peur des mots, tout en les cherchant.

L'autre jour j'étais à la grotte avec Joachim, âgé de dix ans. Je lui ai expliqué en quelques mots qu'une fille avait vu là la Vierge Marie. Il est resté un instant pensif, puis m'a dit : « Qu'est-ce que ça a de si extraordinaire ? Moi, un jour, j'ai bien vu Zidane, dans la rue à Paris ! » J'ai compris qu'il n'était pas sûr de la *réalité* de sa vision, mais qu'il ne lui semblait pas extraordinaire de voir des êtres dans une sphère de réalité différente. Lewis Carroll savait bien que les enfants le comprendraient. Sans vouloir mettre sur le même plan Zinedine Zidane, le Chat du Cheshire et la Vierge Marie, sans vouloir confondre une apparition mystique et une rêverie, il me semble que dans tous les cas on a tort de se crisper sur le besoin de départager réalité et fiction. Dieu tout comme l'homme a besoin de fiction pour dire sa vérité.

Je suis dehors avec mon cahier, la beauté du monde me donne envie de pleurer. Le ciel, les montagnes, les cris des oiseaux, toutes choses cruelles et exquises.

Le monde n'est pas sentimental. Il est brut et il fait mal aux dents. Quand tu mords les cailloux.

Me reviennent ces vers d'Essenine : *La vie est un grand bois que l'aurore,/cavalier rouge, traverse en météore,/il y faut de solides canines.*

Comment fut l'aurore ce jour-là ? Quelles couleurs prit le ciel ? Y avait-il du givre aux brindilles ? Février, mois le plus froid de l'année. Celui aussi où les jours s'allongent bien. Mois des crêpes rondes et jaunes comme le soleil nouveau, comme les roses sur les pieds de la Demoiselle ces matins-là de 1858. Mois du Carnaval et des orgies païennes en ces montagnes où l'on célébrait tout à la fois le retour de l'ours, du printemps et du sexe. Mois glacé, mois brûlant. Dame blanche, cavalier rouge, il y faut de solides vertèbres.

La Vierge en nous, c'est au visage qu'elle peut se trouver. Nous allons visage nu. Pourtant notre visage est notre part de chair la plus indiscrète. La plus indécente ? Je t'ai dans la peau, mais je t'aime au visage. Ou je te crache au visage. Notre visage est notre Vierge, il peut tout recevoir et tout donner. La Vierge de La Salette pleurait amèrement. Celle de Lourdes sourit. La Vierge de l'homme moderne se tient souvent racornie au fond de ses orbites, dans sa mâchoire, ses sinus, ici ou là contre ses os, tétanisée, presque impossible à détecter.

Les foules qui très vite suivirent Bernadette au lieu des apparitions guettaient son visage. Elle était seule à voir la Vierge, mais elle se reflétait sur son visage. On ne compte plus les témoignages de ravissement de ceux qui assistaient aux évolutions de l'extase dans ses traits. Son beau visage. Sur les photos où elle est mêlée à une assemblée, son visage saute aux yeux. C'est ce qu'on appelle être charismatique, avoir la grâce.

On a beaucoup déformé le visage de Bernadette. Par des retouches, ou en la forçant à prendre des poses auxquelles elle se refusait intérieurement et qui lui faisaient adopter une expression fausse. Je le sais parce que j'ai appris à la connaître, à force de la contempler. Et nous savons ce que peut faire un objectif, de bon ou de mauvais.

Celui qui l'a photographiée avec le meilleur amour est Philippe Viron, l'ancien sergent de ville. Du temps des apparitions, le commissaire Jacomet l'avait chargé de la surveiller dans ses allées et venues à la grotte, et pendant ses extases. Quelle mission. J'y ai beaucoup pensé.

À lui donc de suivre cette jeune fille par ces ruelles de Lourdes qu'un certain Clarens, à l'époque, compare à celles de Constantinople. De s'arrêter avec elle au lieu sauvage de la grotte, sous la haute forêt. D'épier ses gestes et les mouvements de son visage ; de noter tout ce qui se passait autour d'elle et qui semblait la laisser à peu près indifférente, toute requise qu'elle était par ses rendez-vous ; de voir monter la curiosité et l'enthousiasme des foules autour d'elle – tout cela afin de rendre son rapport de police, le soir. Tout cela pendant des semaines.

Et voilà que huit ans après, alors que Bernadette demeure quasiment enfermée chez les sœurs à Lourdes, ce jeune homme, Philippe Viron, a quitté la police et depuis des années écrit des lettres suppliantes aux autorités pour obtenir le droit de photographier la petite voyante. « Je suis si malheureux », écrit-il à Mgr Laurence, archevêque de la grotte, en octobre 1864, « qu'il me semble que par ce moyen je pourrais arriver à changer ma position. » Et il se déclare « brûlant du désir d'avoir votre réponse ». Il renouvellera sa requête jusqu'à obtenir satisfaction, obtenir cette autorisation qui est pour lui une « consolation ». Deux jours avant le départ définitif de Bernadette pour Nevers, début juillet 1866, il pourra enfin la revoir, et la prendre en photo.

C'est sur ses images que je vois le respect et peut-être l'amour qu'il avait pour la personne qui lui faisait face avec confiance. C'est sur ses images que je la trouve la plus belle, avec un air de fierté tranquille et des traits purs. Même quand il la prend parmi d'autres, son visage tranche parce qu'il la voit rayonner, elle. Devant lui elle est toute petite, elle se tient droite et légère presque à léviter, regarde frontalement l'œil de l'appareil qui la fixe, tantôt extrêmement concentrée, un concentré de nuit presque, tantôt le regard imperceptiblement amusé, un peu par en dessous, qui dit à la fois son impertinence, sa fantaisie et son entêtement, avec ces yeux profonds qui ne céderont jamais sur l'essentiel.

« À force de vouloir fleurir les choses, on les dénature », dira-t-elle sur son lit de mort, en janvier 1879. L'essentiel n'a pas à être fleuri pour devenir regardable. L'essentiel ne peut qu'apparaître, fantastiquement, dans toute la lumière de son invisibilité. Il faut le reconnaître, s'en posséder et le garder. Philippe Viron ouvrit boutique, fut un spécialiste renommé des vues de Lourdes et de Bétharram et des clichés sur porcelaine, mais j'ai l'impression qu'il n'eut qu'un seul vrai grand sujet dans sa vie. Dieu merci, il ne l'a pas manqué.

J'allai au bord du gave ramasser du bois avec deux autres petites, elles passèrent l'eau elles se mirent à pleurer, je leur demandai pourquoi pleuraient-elles ?

Ce sont des pages de livres, toutes ces feuilles qui bruissent dans les arbres et me rendent folle d'amour, avec leur chuchotis de plumes sur ma peau, ai-je un jour écrit dans l'un de mes cahiers.

Commissaire, je vous le répète, j'en ai l'intime conviction, tout ça est une affaire de langage. Savez-vous qu'au XXe siècle on enverra dans l'espace des satellites avec des messages à destination d'éventuels extraterrestres ? Or c'est ici, maintenant, de toujours et partout, que le monde nous parle, et que nous sommes sourds.

j'allai au bord du gave ramasser du bois avec deux autres petites, elles passèrent l'eau elles se mirent à pleurer, je leur demandai pourquoi pleuraient-elles ?

C'est comme les rêves, monsieur Jacomet. N'avez-vous jamais fait quelque rêve « saisissant », comme dirait Bernadette, qui pourrait contenir votre être tout entier, son histoire et sa forme ? La brise a alerté cette jeune fille, et la voilà qui nous livre une phrase de brise, on pourrait se contenter de cette phrase et la rouler sous la langue toute la vie, toute la lumière du petit jour y joue au fil des mots, cette phrase est le gave et son voyage, elle est le gave, la source et l'estuaire, les sombres abysses et la geste du nuage véhiculé par le vent.

j'allai au bord du gave ramasser du bois avec deux autres petites, elles passèrent l'eau elles se mirent à pleurer, je leur demandai pourquoi pleuraient-elles ?

Un ange passe. Que d'*l*! Que de labiales, que de liquides dans cette phrase! Comme elle glisse, vole, volette, comme elle sait se suspendre! Voilà, jeune fille, que tu nous apportes ta nouvelle par un bruissement d'*l*! Un chuintement d'*elles*! Même si les ailes des anges n'ont pas d'*l* dans toutes les langues, qui ne les devinerait dans cette phrase? Précédant le souffle des *v...s...r...v...z...* « Savoir », dit quelque part Balzac, « n'est-ce pas jouir intuitivement? » J'ouïs bien ta langue, jeune fille, et j'y entends venir les plumes, comme le jeune homme solitaire voyait au ciel froufrouter ses étoiles j'entends flûter ta parole et je sais qu'en cet instant tu es déjà prête pour les anges, je sais qu'ils te préparent afin que tu n'entendes plus ni pleurer ni danser les fillettes, alertée par la rumeur puis ravie par ta vision, paniquée d'abord puis abandonnée tout entière... aux anges... la forme blanche se signe... tu es aux anges, et je te suis...

j'allai au bord du gave... pourquoi pleuraient-elles?

J'entends flûter ta gorge qui parle et qui va se voiler... *Dieu dit... Et la lumière fut.* La voix donne la vue. La vérité se montre et le voile se fait. Afin qu'elle entre à l'intérieur. Qu'elle s'y love. En attendant d'être mise au monde. La voix se voile au moment de l'accueil. La Vierge vient dire la voie: porte ta main aux quatre sens de ton arbre de vie, de ton frond à ton ventre, de ton épaule à l'autre qui savent porter les petits frères. Que la croix t'ouvre. Que ton cœur se dépierre. Qu'en ton sein vienne la source. Que la croix te recouse. Que ton corps maintenant porte et apporte la nouvelle, l'essaime dans toutes les directions de la rose des vents.

Je t'admire beaucoup, Bernadette. D'avoir eu la constance et le courage d'honorer dix-huit fois ton rendez-vous. Ce n'est pas rien. Malgré les problèmes, les interdictions ou la réprobation de toutes les autorités, tes parents, la police, l'école, le clergé. Le 22 février, après que tu as encore désobéi pour te rendre une quatrième fois à la grotte, ton confesseur l'abbé Pomian, impressionné par ta détermination, se résout à te dire : « On n'a pas le droit de t'en empêcher. » Mais si les femmes, puis les gens du peuple commencent à te suivre, la réprobation des administrations n'en devient que plus grande au fur et à mesure des semaines. Tant pis, l'appel est impérieux, tu y réponds. Je t'admire pour cela, Bernadette. Ton côté Antigone. Ce n'est pas rien, de se mettre à dos toute la bien-pensance, le bon sens, l'ordre public, la pensée unique de l'élite « instruite » et « intelligente » qui ricane ou s'offusque de ce qu'elle juge superstition. Bien sûr ils te soupçonnent soit d'être folle, soit de vouloir tirer quelque intérêt de cette histoire : comment en serait-il autrement, eux qui ignorent dans leur chair le sens du mot gratuité, qui ne cherchent dans la vie que les moyens de tirer profit de tout ? Mais ils ont beau t'épier et t'examiner, t'envoyer la police et la médecine, ta santé mentale et ton désintéressement ne font que se confirmer à mesure que le temps passe et que l'histoire prend de l'ampleur.

Tu as quatorze ans à peine et la taille d'une enfant de dix ans, tu es la fille d'une famille de déchus et de réprouvés, tu ne sais ni lire ni écrire, tu n'as pas encore fait ta communion, tu commences tout juste les cours de catéchisme, et pourtant tu leur fais face, à tous ces grands messieurs. Parce que tu es toi, celle qui sait qu'elle voit alors qu'eux sont aveugles, celle qui n'en tire pas d'orgueil, ayant appris l'humilité depuis longtemps, mais une assurance indestructible. Tu te possèdes, ta vision te donne ta seconde nature, qui était ta nature cachée.

Même tes partisans, tu les as choqués. Ce jour où tu t'es traînée à quatre pattes dans la boue de la grotte et où tu as mangé de l'herbe comme une bête. Ta tante Bernarde, rouge de honte, t'a envoyé une claque, et la foule s'est retirée dans un murmure de gêne, gênée de t'avoir fait confiance. Nous en reparlerons, Bernadette, de cet épisode encore tellement esquivé, cent cinquante ans après. Tu as vécu jusqu'au bout ce que tu avais à vivre, et nous n'avons pas à l'occulter, mais à tenter d'en tirer enseignement.

Ce n'est pas rien, d'avoir fait de ce lieu le premier centre de pèlerinage mondial. Je l'ai dit, les apparitions de la Vierge ne se comptaient plus en ton temps, notamment dans les montagnes, et notamment dans les Pyrénées où certaines étaient déjà fameuses, comme Bétharram, Garaison ou Héas. Ta fidélité, ta droiture, ta constance, ton courage, ta détermination, ton sens des responsabilités, et disons-le ton amour supérieur de ta vision, ont fait la différence. Le peuple l'a vite senti, il se passait ici quelque chose de grand, de très grand. Dix-huit fois en cinq mois tu es allée rencontrer la Vierge, autant de fois et de temps qu'il a fallu pour qu'elle se transforme de « Cela » en « Immaculée Conception », de « petite demoiselle » en « Dame », pour qu'elle puisse délivrer son message et que tu le portes et le rapportes, autant de fois et de temps que nécessaire, malgré les difficultés, les embûches, les moqueries, les insultes et les empêchements, pour aller au bout de cette grande œuvre. Et l'on peut continuer à penser ce que l'on veut de Lourdes, à le moquer et le déplorer, c'est un lieu qui reste précieux pour des millions de personnes dans le monde, des millions de personnes de toutes confessions, et même pour certains mécréants comme moi, fille de communistes et libre penseuse sans catéchisme, qui ai fini par comprendre un peu ce qui s'y passait. Un lieu pour les souffrants qui n'ont pas oublié la possibilité de la consolation, qui n'ont pas oublié que le mystère de l'amour est plus fort que le mystère de la mort.

Ce matin, 24 février 2007, il pleut doucement, un léger brouillard de pluie qui fait fondre la neige autour de ma grange. Réchauffement climatique de la planète. Ce sont les oiseaux qui m'ont réveillée, comme souvent. Aujourd'hui ils sont des nuées. Des nuées de mésanges de toutes sortes et autres passereaux qui volettent d'un arbre nu à l'autre, forment des bouquets changeants dans les sureaux sans feuilles, emplissent l'air d'un pépiement de volière. Les oiseaux sont un peu nos anges en ce monde, n'est-ce pas? Il y a un si beau texte de Leopardi sur eux, il faut que je le retrouve et que j'en donne un extrait. Hier j'ai vu passer deux canards sauvages, qui ont survolé la montagne en cancanant à toute force, c'était la première fois que je voyais ça ici. Un pic noir est ensuite apparu dans le ciel sans couleur, clamant ses klik-klik-klik, puis s'est posé le long du tronc de l'arbre où aime se percher la buse, et l'a martelé de façon fort sonore. Il y a quelques jours, en traversant les Landes, depuis le train, pour la première fois aussi j'ai vu de grands échassiers rassemblés par dizaines dans les champs.

Je parle des oiseaux parce qu'ils sont si menacés, non seulement par l'épidémie de grippe aviaire mais surtout par les changements climatiques brutaux. Dont l'homme est responsable, semble-t-il. C'est le monde où je vis, Bernadette. Celui que préparait ton monde, qui avait commencé à détruire ton monde jusque dans ta famille d'artisans. Depuis, l'inquiétude ne fait que croître. De ce que nous faisons nous-mêmes de nous-mêmes et du monde. Les hommes ont appris à se passer de Dieu et puis, le désespoir augmentant, ils y reviennent. Sans doute pas de la meilleure façon. Les guerres de religion sont rouvertes ou toutes prêtes à se rouvrir, semble-t-il. Nous avons le sentiment d'être au bord de la catastrophe. Le XXe siècle a fait des dizaines de millions de morts extrêmement violentes, mais nous n'avons pas l'impression que nous saurons nous tenir au « plus jamais ça » que nous nous étions promis. Même la vie apparemment paisible et civile est devenue meurtrière, puisque l'activité humaine suffit à dérégler le système écologique de la planète à une telle vitesse que nous ne sommes pas sûrs de pouvoir corriger la tendance avant le désastre annoncé. Les hommes ont appris à se passer de Dieu mais pas de religion, ils ont adopté la religion du profit et de la consommation et maintenant qu'ils se rendent compte à quel point elle est destructrice, à la fois polluante et génératrice d'inégalités porteuses de grands conflits, ils essaient de remettre en cause leur consumérisme – tout en continuant de réclamer une augmentation de leur pouvoir d'achat. On en appelle donc à Dieu, mais le plus souvent pour justifier la violence et le désir de mort.

Marie a cette grâce de s'adresser aux hommes de toutes confessions. Si seulement elle pouvait les réorienter vers un Dieu d'amour, plutôt que de mort. Telle est toute ma prière.

Ah, tiens, voici un passage de ce texte du grand Giacomo Leopardi :

« Ce fut une remarquable combinaison de la nature que d'accorder aux mêmes animaux le vol et le chant, car, ainsi, ceux qui ont à divertir les autres créatures avec la voix se rencontrent d'ordinaire dans les lieux élevés, d'où celle-ci peut se répandre plus largement à l'entour et toucher un plus grand nombre d'auditeurs ; et d'autre part, l'élément destiné au son, l'air, se trouve peuplé de créatures chantantes et musiciennes. C'est vraiment un grand réconfort et un grand plaisir que procure, autant, me semble-t-il, aux animaux qu'à nous-mêmes, le chant des oiseaux. Je crois que cela tient moins à la douceur des sons, à leur variété ou à leur harmonie, qu'à cette idée de joie qu'exprime naturellement le chant, en particulier celui-là, lequel est une sorte de rire que l'oiseau émet lorsqu'il est plongé dans le bien-être et le contentement. »

Oiseaux, ne nous abandonnez pas. Nous avons besoin de vos chants pour pouvoir vous répondre. François d'Assise qui vous aimait composa ce chant, ce *Cantique du Soleil* plus puissant que la mort. Maldoror aussi chantait, à sa façon. Rimbaud se disait de ceux qui chantent sous la torture. Franz Werfel, un écrivain juif autrichien réfugié quelque temps à Lourdes avant la Seconde Guerre mondiale, a écrit un beau roman intitulé *Le chant de Bernadette*.

Certains témoins dirent avoir vu une colombe survoler la petite voyante, un jour à la grotte. Bernadette en extase montrait des signes de tristesse et d'angoisse autant que de paix et de joie extrême. Mais je crois que Picasso, s'il avait songé à la peindre, au lieu de lui tordre les traits comme il le faisait de ses femmes, révélant ainsi leurs tortures, eût pu lui faire le visage aussi clair et limpide que sa célèbre colombe. Grégoire de Nysse disait qu'en s'approchant de la lumière, l'âme devient belle et prend la forme d'une colombe.

Franz Werfel a vu que l'empressement de Bernadette, à qui l'amour donnait des ailes, qui ignorant froid, asthme et pentes abruptes, semblait voler pour rejoindre le lieu de son rendez-vous, était un empressement d'amoureuse. Premier amour dans ce cœur de jeune fille. Ceux qui détiennent un pouvoir détestent l'amour, à mort. Parce qu'il menace leur pouvoir. Et d'abord leur pouvoir sur eux-mêmes. Ceux qui croient pouvoir dominer autrui et se dominer eux-mêmes par un excès de vertu agressive ou par complaisance envers le Diable – alors que le seul vrai maître du monde est l'Amour.

Mon âme, ma colombe, qui sublime l'éros. Tu roucoules dans le Cantique des cantiques, blanche apparition céleste, mais ici dans ces Pyrénées survolées par les oiseaux migrateurs tu es ceinturée de bleu comme la Vierge de Bernadette, tu es la tourterelle à laquelle les montagnards chantent leur amour, la palombe bleue qui a donné son nom au train de nuit qui chaque aurore longe le gave, la grotte, et s'approche de la gare de Lourdes. Tu es l'amour, fidèle, léger, lumineux, qui annonce la paix, la fin du déluge, la belle saison. Et que les esprits forts, armés de leur raison, s'amusent à guetter, chassent, tuent.

Ça ne fait rien, « seule celle qui chante entend et celui pour qui l'on chante », a dit saint Bernard de Clairvaux :

Ce n'est point le bruit d'une bouche
mais la jubilation du cœur,
non le son des lèvres
mais le mouvement des joies,
la consonance non des voix
mais des volontés.
On ne l'entend pas au-dehors,
elle ne retentit pas en public ;
seule celle qui chante entend
et celui pour qui l'on chante.

Première apparition, donc, le 11 février. Les suivantes auront lieu le 14, puis le 18 (Aquero se met à parler, donnant rendez-vous à Bernadette pour les quinze prochains jours), le 19, le 20, le 21, le 23, le 24, le 25 (sur indication de la Dame, Bernadette trouve la source), le 27, le 28, le 1er mars, le 2, le 3, le 4, puis le 25, jour de l'Annonciation (la Dame accepte enfin de dire qui elle est : l'Immaculée Conception), et enfin le 7 avril et le 16 juillet (désormais la Vierge reste silencieuse).

Les messages délivrés par la Dame au cours des différentes apparitions se résument à une série d'actes que doivent accomplir soit Bernadette elle-même, soit les prêtres, soit les gens : prier ; faire pénitence ; construire une chapelle ; venir en procession ; manger de cette herbe et boire de cette eau. Ses toutes dernières paroles, *Je suis l'Immaculée Conception*, semblent une invite à méditer sur cette étrange formulation.

Toutes ces demandes ont été honorées, mais l'on a oublié et l'on continue d'oublier de réfléchir à l'injonction de « manger de cette herbe ». Il faudra décidément que j'aille la manger de mes mots, moi, pour savoir ce qu'elle veut dire. J'ai déjà trouvé ceci dans Isaïe, 40,6 : « Toute chair est comme l'herbe et sa délicatesse est celle de la fleur des champs. »

Cette année 1858 est année jubilaire. Mais on manque de prédicateurs et rien n'est encore prévu à Lourdes pour la célébrer. Le clergé y a cependant menacé d'excommunication les personnes qui, en cette période de Carnaval, se livreraient aux plaisirs de la danse, par tradition fort débridés. Les femmes, habituées à sortir leurs plus beaux décolletés en ces occasions – les maîtresses allant jusqu'à prêter leurs robes à leurs servantes pour ces réjouissances –, sont sommées de laisser leurs tenues affriolantes dans les armoires. Finis les amusements, et tous ces enfants qui naissent de père inconnu chaque année neuf mois après Carnaval.

Le 14 février, jour de la deuxième apparition et dimanche gras, puis pendant tout le temps de Carême qui suit, les femmes puis les hommes pourront du moins trouver de quoi tromper leur morne quotidien et combler leur besoin d'exaltation en suivant « la petite voyante » à Massabielle et en vivant ses extases par procuration...

Lourdes est une petite ville de province de quatre mille habitants, dont le château fort, ancienne garnison, devient sans emploi, et qui contrairement à quelques-unes de ses voisines ne bénéficie pas d'eaux thermales pour attirer du monde, créer du mouvement et favoriser l'activité économique. De toute façon, c'est la France entière qui est morose. Nous sommes dans les années où Baudelaire commence à écrire *Le Spleen de Paris,* qui paraîtra en février 64. Mais le malaise est général. « L'ennui commença à se répandre comme une épidémie dans les années 1840 », écrit Walter Benjamin dans *Paris, capitale du XIXe siècle*. D'ailleurs, Lamartine l'écrivait déjà en 39 : « La France s'ennuie. »

Remède suprême, observe Baudelaire : la foule, la multitude. À Paris, on sort le soir au cabaret du Néant, dont le lustre est fait d'ossements humains, les murs sont ornés de squelettes et de tableaux de mort. À Lourdes, après l'apparition « ratée » du 4 mars (« on » attendit en vain quelque miracle ou manifestation grandiose), on peut lire dans *Le Bagnerais* : « Dix mille personnes se sont rendues à Lourdes pour jouir de l'absence de ce spectacle merveilleux. »

Morne plaine, morne montagne, c'est Waterloo qui se poursuit dans l'âme des Français. Le 20 mars, un auteur qui signe Faust dans *L'Intérêt public*, un journal de Tarbes, note avec justesse que l'on se moque volontiers de la naïveté des gens de la montagne, alors que dans une plus haute société on se pique de spiritisme, d'occultisme et autres niaiseries. « Tous ces prétendus esprits forts ont besoin de mensonge », écrit-il. Philippe Muray a depuis analysé sans pitié ce *Dix-neuvième siècle à travers les âges* (1984), la collusion du positivisme et de « l'astrolâtrique », du progressisme et d'un désir d'avenir (« l'horizon c'est l'Harmonie ») en forme de retour aux valeurs féminines les plus douteuses (« la Magma, super-mamma du futur, la déesse Magma du sommeil »).

Le 10 mars, le garde des Sceaux, parlant de « l'étrange incident » de Lourdes, rédige une lettre énergique demandant aux autorités de ne « rien négliger pour arrêter les démonstrations qui pourraient dégénérer en scandale et compromettre la tranquillité publique aussi bien que la dignité de la religion ».

De tranquillité et de dignité obligatoires, ce temps en étouffe, oui. Et pour longtemps à travers les âges. Au XXIe siècle nous en sommes, entre autres joyeusetés politiquement correctes, à la santé forcée. L'administration, et surtout la police, n'aime pas du tout ces rassemblements dans la prairie face à Massabielle, ces foules en quête d'extase. Pas plus qu'aujourd'hui elle n'apprécie les *raves*, parties de délire collectif en campagne. Mais décidément l'être veut du néant ; comme le buveur de Saint-Exupéry boit pour oublier qu'il boit, plus l'homme s'ennuie, plus il veut du néant. Ainsi faisons-nous, réclamant chaque jour notre dose quotidienne d'anéantissement, des heures durant devant des écrans, nous oubliant devant la télévision ou sur Internet, quand ce n'est pas à coups d'anxiolytiques, psychotropes, alcool, nourriture et pornographie industrielles, drogues et addictions de toutes sortes. Ère du divertissement généralisé. Oui, Blaise Pascal, les rois eux-mêmes ont besoin de divertissement. Les rois, surtout. Misère de l'homme occidental, roi de ce monde.

L'aventure de Bernadette n'a rien d'un divertissement. C'est une expérience spirituelle profonde, toute son attitude le démontre avec force. Les motivations de ceux qui la suivent sont sans doute plus mélangées. Mais du moins espèrent-ils voir le reflet de la divinité sur son visage, alors que nous ne cherchons sur nos écrans que les reflets de notre humanité la plus médiocre.

C'est l'invisible qu'à Massabielle ces foules veulent voir, à l'époque. Aujourd'hui on veut du visible. Du faux mais visible, plutôt que du vrai mais invisible. Le visage de Bernadette en extase, que les gens venaient contempler, était comme les beignets dorés de notre enfance : le signe de l'invisible. Aujourd'hui on veut de l'image, de la photo, de la vidéo, on veut des vrais gens à la télé et sur Internet, et tant pis si ce sont de faux-vrais gens, des gens que nous n'approcherons jamais, des gens qui jouent un rôle sans le dire, des gens masqués dont nous ignorons le vrai visage, des gens pseudonommés dont nous ignorons la vraie identité. Tant mieux même, puisque c'est ce qu'on adore dans cette fameuse société du spectacle, le faux. Le faux est notre idole. Le mensonge. Le Menteur qui rôda aussi autour de cette grotte et y demeure sous bien des aspects, même si l'on vient ici chercher l'invisible vérité, celle qui libère.

Les anges tombent. Rideaux de flocons blancs soulevés par le vent. Hier après-midi, 24 février 2007, je suis allée en forêt. Y entrer c'est se perdre. J'ai grimpé entre les troncs, un pied après l'autre dans l'épaisse couche de feuilles mortes mouillées et les plaques de neige. Dans les frondaisons au-dessus de ma tête des oiseaux criaient, paraissant loin. De grandes et grosses langues de mousse très verte couvraient les rochers, les pieds des arbres avec leurs racines. Des lichens blancs, brillants aussi, s'accrochaient comme des bêtes fantastiques aux écorces ou se traînaient au sol.

Les anges tourbillonnent, le vent m'appelle. Hier j'ai écrit les deux chapitres précédents. Dans la forêt j'ai parlé à mon ange. L'amour que tu as fait naître et vivre en moi, a dit mon cœur brisé, ne sera jamais mort. La neige fondait et ce matin il neige des paupières, une jeune fille endormie dans son image se réveille.

Aucun des livres que j'ai lus ne parle de cette forêt qui surplombait la grotte. L'abbé Peyramale, à qui Bernadette transmit les paroles de la Vierge, au lieu où se trouve aujourd'hui la bibliothèque, un peu après a raconté dans une lettre à son frère qu'il avait été suivi, de nuit, par trois loups dans la forêt enneigée. Elle a sûrement eu son mot à dire dans cette histoire, la forêt, mais tout le monde a peur de l'écouter. Les anges doucement s'y déposent en baume, neigent sur ses brûlures, de leur duvet feutrent ses hurlements secrets.

Dans sa châsse de verre au couvent de Nevers, une belle au bois dormant se tait. Rien de ce que je pourrai dire n'empêchera le silence d'envelopper son cœur, le mien.

Pourquoi le mal ? C'est la seule question, et celle qu'on évite de poser. La douleur, perceuse électrique, vrille entre les côtes, au creux des os. Hébété, on voudrait l'être encore, davantage, complètement, à jamais. La mort se profile. La mort se profile, toujours prête, la grande consolatrice, la faucheuse de tortures. La vie souffrante voudrait se blottir dans ses bras de mère noire, mais elle sursaute, dégoûtée. Laquelle des deux ne veut pas de l'autre ? Il existe une mort blanche et belle, mais celle-ci pue et elle est laide. Mourir en paix étend la paix. Mourir dans le tourment multiplie le tourment, indéfiniment. Puis nous sommes au monde, nous les êtres humains, contaminés par le mal que nous y avons laissé croître.

À Lourdes se trouve l'Immaculée Conception. La vie indemne, non damnée, exemptée du mal. À Lourdes apparaît ce miracle, ce royaume, cette espérance, et aussitôt la ville s'enlaidit par le commerce et tout ce qui s'accroche au pèlerinage, édifices religieux compris, comme parasites sur la baleine blanche. Il semble qu'on y vénère la laideur comme la maladie, jusqu'à la nausée. Pourtant, le temps passant, les oripeaux commencent à tomber. Fini, les béquilles exposées à la grotte. Fini, l'exhibition complaisante des maladies les plus spectaculaires. Fini, l'atroce délectation morbide des piscines d'eau souillée, pleines de pus et de pansements, où l'on se plongeait et certains buvaient. Pourquoi la présence de la Vierge inspire-t-elle aux hommes le besoin de se décharger à sa source de toutes leurs horreurs ?

Beauté, pureté du glacier primitif, du site où s'éleva la ville, au carrefour des sept vallées du Lavedan. De la piété sauvage et des amours enfantines. Bernadette par sa vision de vierge a vaincu sa misère et le bourbier où il lui fallait patauger, mais le bourbier s'est empressé de réinfecter les lieux. Témoignage d'un pèlerin admiratif, en 1930 :

« Parmi les quinze malades que je vis défiler, il était un enfant dont les jambes, décomposées, étaient recouvertes d'une mousse verdâtre. Un autre suppurait abondamment et sans cesse... Ainsi défile cette humanité pitoyable. Tous plongent dans une eau dont les yeux s'épouvantent. Elle est épaisse, et vaguement moirée, comme l'eau de vaisselle. Des débris de coton maculé y flottent, avec des caillots de pus et de sang. On ne la renouvelle que deux fois par jour... D'ailleurs, qui donc s'en soucie ? On baigne dans une atmosphère surnaturelle. On fait confiance à la Vierge. Malades sur malades plongent dans cette eau-là – et beaucoup de bien-portants aussi, en esprit de pénitence... J'ai vu un malade squelettique, un cancéreux, demander un verre, l'emplir de cette eau, le vider d'un trait... Dans ces quelques mètres cubes, dont l'atmosphère épaisse, empuantie, fade, fait chavirer le cœur... »

La nature aime à se crypter, disait Héraclite. La nature, la nature des choses, leur essence, notre essence. Aime à se cacher dans des cryptes, des grottes. Les hommes de la préhistoire aiment à cacher leurs empreintes, leurs peintures, leurs signes, leur spiritualité dans des grottes. Qui cache révèle. Toute grotte est une crypte, un temple de la nature cachée de l'être.

Non loin de Lourdes se trouve la grotte de Gargas. Où deux cent trente mains négatives tentent depuis trente mille ans de traverser la paroi, l'apparence. De décrypter l'être. À moins qu'elle ne surgissent, ne viennent de l'autre côté du miroir opaque, pour témoigner de l'autre monde. À Massabielle chaque jour des centaines de pèlerins défilent, apposent leurs mains sur la paroi. À Gargas, les premiers hommes célébrèrent aussi la féminité, qu'ils virent apparaître dans la roche sous la forme d'une grande fente suggestive, qu'ils enduisirent de rouge sur ses bords et dans toute sa profondeur invisible. À Lourdes une Vierge est apparue à une jeune fille, c'était peut-être la nature de la nature, et alors les hommes ont voulu faire apparaître aussi la nature des hommes, pas vierge du tout et très impure. Car si la nature aime à se cacher, de temps en temps il lui faut resurgir, se montrer. Notre nature aussi aime à se montrer, ont manifesté les hommes. Et ils se sont mis à exhiber leurs plaies charnelles et spirituelles, leurs souffrances et leurs vices, leurs pires maladies et leurs plus mauvais appétits de clients et marchands du temple.

Il leur fallut donc, pour répondre à la Vierge immaculée sortie de sa réserve, déballer leur douleur et leur ignominie, s'exposer victimes et coupables du mal, jusqu'à la nausée, jusqu'au-delà de la nausée.

Et maintenant que je vois refluer peu à peu le goût de la monstruosité, reculer un peu la laideur, et le site du sanctuaire commencer à se doter d'aménagements aux lignes épurées, je me dis que le temps de l'obscène et sans doute nécessaire purgation est peut-être passé, et qu'ayant vidé notre cœur nous pourrons peut-être le trouver assez accueillant pour y loger l'Immaculée Conception qui vint s'offrir ici.

Je ne sais plus où je l'ai lu, Bernadette à Nevers, qui ne devait jamais revoir sa famille ni ses montagnes, dit un jour, à quelqu'un venu la visiter, qu'elle rêvait d'être un petit oiseau, pour pouvoir voler chaque matin à la grotte.

Depuis 1989 où j'ai trouvé ce paradis, cette grange à quarante-cinq minutes dans la montagne, Lourdes m'est un lieu familier. Bien avant de penser à écrire un livre sur le sujet, j'y ai fait plusieurs séjours, de quelques jours à quelques semaines, en diverses périodes, toujours seule. Je n'étais pas croyante, le kitsch de cette usine à pèlerinages me déplaisait, mais j'avais envie d'aller là parce que j'y trouvais une grande et très spéciale qualité de solitude. J'ai vu le pèlerinage des Gitans, j'ai vu le pèlerinage des Italiens, j'ai vu des pèlerins de tous pays, de toutes langues et de toutes couleurs, j'ai connu le temps du Rosaire et celui du 15 août, j'y ai connu toutes les saisons, je me suis mêlée à des processions, à des foules et par deux fois à des messes auxquelles je ne comprenais pas grand-chose, j'ai habité dans des hôtels de toutes tailles, j'ai partagé ma soupe du soir en demi-pension dans des salles à manger remplies de groupes de telle ou telle nationalité arborant fanions et flambeaux, j'ai dormi dans des chambres aux cloisons assez minces pour laisser passer les voix des autres hôtes et parfois les plaintes des malades, comme celles de cette jeune fille, handicapée mentale, dont la souffrance s'exhalait en une forte mélopée, sans cesse recommencée. J'ai passé du temps dans les cafés et à la bibliothèque, j'ai beaucoup lu, beaucoup marché, et surtout beaucoup rêvé au bord du gave, assise dans l'herbe en contrebas tout près de l'eau vaillante, bruissante et réfléchissante, face à la grotte d'où j'entendais monter de loin chants et prières. Et c'était là, oui, que j'avais toujours envie de retourner, allégée comme un petit oiseau.

À genoux dans l'herbe froide, délivrée de sa soudaine paralysie par Aquero qui fait les gestes qu'elle a envie de faire et lui permet ainsi de les accomplir en miroir : se signer, égrener son chapelet... la jeune fille connaît pour la première fois l'extase. Fini, *je ne pue pas*. Tu peux. Et c'est une odeur de sainteté qui flotte autour de toi.

Soudain ce « quelque chose de blanc ayant la forme d'une dame » (dit-elle à l'abbé Pomian) disparaît, et c'est le retour au monde normal : « mes camarades dansaient, dans ce moment, de l'autre côté de l'eau » (dit-elle au commissaire Jacomet). Ah, n'est-ce pas étrange ? Ne pleuraient-elles pas, juste avant ? Pourquoi pleuraient-elles, d'ailleurs ? Et pourquoi danser maintenant ? Les petites filles n'ont pas besoin de raisons pour pleurer ni danser, mais que s'est-il passé, du pleurer au danser ? Combien de temps a passé ? Pourquoi, selon un autre témoignage, lui reprochent-elles de n'avoir encore rien ramassé, alors que leur panier à elles est déjà plein ? Est-elle restée si longtemps absente, Bernadette ? Maintenant elle est heureuse, elle ne s'en soucie pas, traverse l'eau légèrement, la trouve bonne, pas du tout froide, et se met à grimper si vivement le raidillon derrière la grotte que les petites, plus agiles et plus solides qu'elle, en sont tout étonnées. Elle voudrait bien se taire, mais l'envie de dire est trop forte, elle finit par parler un peu à sa sœur, qui veut en savoir plus, sous promesse de garder le secret. Une fois à la maison Toinette voudrait bien se taire aussi, mais l'envie de dire... Quelques heures après, leur mère sait tout. Qu'est-ce que c'est que cette histoire? Elle se fâche, interdiction formelle d'y retourner.

... j'y revins le Dimanche... parce que je me sentais pressée intérieurement.

Ce dimanche de Carnaval, trois jours après, elle n'y tient plus. Promettant d'être de retour rapidement, elle réussit à arracher l'autorisation de sa mère et y retourne, avec les fillettes. Cette fois, elles passent par le haut. Bernadette court, vole, dévale le raidillon, est sur place avant les autres. Oui, l'y revoilà, c'est son endroit. Elle tombe à genoux, ça y est, tout recommence. Elles ont pris de l'eau bénite, au cas où Aquero serait quelque chose qui leur voudrait du mal. Bernadette en asperge généreusement la niche où apparaît la demoiselle, qui se contente de sourire et d'incliner la tête.

Les autres petites la trouvent en extase. Comme paralysée, blanche, souriante, des larmes sur les joues, les yeux grands ouverts. Vexée d'arriver la dernière, l'une d'elles jette d'en haut une pierre qui s'en va tomber dans l'eau. La pierre qui roule, la figure si étrange de Bernadette... Maintenant elles prennent peur. Qu'est-ce que tout ça veut dire? Elles voudraient s'en aller, entraîner Bernadette, mais impossible de la sortir de son état. Il leur faut de l'aide. Un homme qui passe non loin est appelé à la rescousse. Même lui dit avoir du mal à la soulever, elle qui est si légère. Ils l'emmènent

Mme Milhet (parfois orthographié Millet) a un nom de grain. C'est elle, la grosse coquette qui a épousé son maître. Comment a pu germer dans sa tête cette drôle d'idée de faire écrire une apparition ? J'ai l'air de rire, mais je vous comprends si bien, madame Milhet, si bien. Vous ignorez ce que sont les télécommunications du XXIe siècle, vous n'avez jamais envoyé ni reçu d'e-mail, de SMS et toutes ces sortes de choses. Mais je peux vous assurer qu'il y a des moments où l'on aimerait bien posséder ne serait-ce qu'un petit bout de papier portant le nom ou quelque mot écrit de la main de l'un de ces correspondants invisibles dont on doute parfois de l'existence...

Il paraît qu'en Chine le millet relie le monde souterrain au monde céleste. On peut bien s'amuser un peu... Mme Milhet m'amuse, et toutes ces dames dans cette affaire. L'encre n'a servi à rien pour relier le ciel et la grotte, Aquero a refusé de jeter l'*ancre*, comme l'écrit Bernadette, sur terre, mais la foi des femmes est grande. Ma foi tant pis, elles continueront à la soutenir, leur petite voyante.

Nous avons déjà parlé de Cyprine Gesta, n'est-ce pas ? Bien sûr, mais je ne me lasse pas d'écrire son nom. Elle est la maîtresse du four communal, mais oui. Le moins que l'on puisse dire est qu'elle ne jouit pas d'une réputation de vertu. Remarquez, selon un rapport du procureur Dutour, les mœurs de Mme Milhet, elles aussi, « ont été un peu décriées, lorsqu'elle était plus jeune ». Avec l'âge elle a pris de l'embonpoint mais sans trop s'engourdir : son vieux mari ne tardera pas à quitter ce monde, et elle, ne tardera pas à se remarier.

J'ignore quelles sont les mœurs de Cyprine Gesta, mais j'ai lu quelque part qu'elles étaient « ignobles ». Les premières femmes à suivre Bernadette sont d'une moralité fort peu stricte, mais la piété n'a rien à voir avec les « bonnes » mœurs. Cypris comme on le sait est l'un des surnoms d'Aphrodite, d'où vient le nom commun cyprine (« Didact. Sécrétion vaginale », dit le *Grand Robert*). Et Gesta, c'est une forme de genèse, non ? Cyprine Gesta est fille-mère de deux enfants, et très bonne copine de la mère de Bernadette, Louise, qui, lorsqu'elle a comme souvent un petit coup dans l'aile, prononce parfois « des paroles inconvenantes ». Lorsque la petite fait sa crise lors de la troisième vision, Cyprine quitte le four pour le moulin, sur cette île de Savy où elle empêche Louise de la battre. Est-ce la faute de cette enfant, après tout, si elle a des extases ?

Les sœurs de Louise, Bernarde qui tient le cabaret où Bernadette a travaillé quelque mois, et la toute jeune Basile, l'une et l'autre mères avant d'être mariées, sont elles aussi des supportrices de leur nièce... jusqu'à un certain point. Souvenons-nous que Bernarde a giflé Bernadette devant des centaines de personnes, le jour où cette dernière s'est mise à brouter l'herbe dans la boue de la grotte... Trop c'est trop !

Nous avons déjà rencontré aussi la belle et bien « légère » Marie-Rosella Pailhasson (parfois orthographié Paillasson), sorte d'Emma Bovary lourdaise qui aurait su épargner au futur lecteur le spectacle de son stade terminal (« comme foudroyée par des boudins qui avaient subi une trop véhémente fumigation »). Ici on ne tombe pas si vite, on a le pied agile dans les chemins escarpés et au bord des ravins, les mauvaises langues peuvent toujours parler, on ne va pas se raccourcir les jours au poison pour une fortune de dettes chez son tailleur, assortie d'un ou deux amants de-ci de-là. Est-ce sa faute, après tout, si elle est belle et si elle aime l'amour ? Et Rosella vécut ce que vivent les roses, l'espace du matin, puis du midi, et de l'après-midi, et encore du soir, voire de la nuit, et du lendemain, de sa vie, bien accomplis.

C'est son mari, le pharmacien, qui fit une analyse de l'eau de la grotte, début mars, et la déclara dangereuse, faisant mentir la science dans le but de la faire triompher de la superstition. Mais le peuple continua à la boire et à s'en croire souvent guéri, mieux que par ses potions.

Il ne faut pas se figurer pour autant que les femmes et hommes du peuple avaient plus d'ingénuité à l'égard des éventuelles vertus des eaux que les gens instruits. Bien des sources pyrénéennes, par exemple, passaient pour engrosseuses. Notamment la Fontaine d'Amour, à Cauterets, non loin de Lourdes. Dans l'ancien temps les dames en mal d'enfant y venaient parfois de loin s'y tremper, et profiter des soins prodigués par les « frotteurs », un emploi qui consistait, comme pour ce dénommé la Lubie, à prodiguer aux baigneuses tous frottements et massages « requis » par elles. Traitement contre la stérilité qui s'avérait souvent très efficace et prouvait au moins la merveilleuse crédulité des maris, ou leur non moins merveilleuse aptitude à fermer les yeux, du moment que leur était fait le bonheur d'être pères. La science s'acharne aujourd'hui à fabriquer des embryons in vitro (dont la plupart restent in frigo), alors que la nature offre les remèdes les plus simples et les plus agréables.

Quelques crans au-dessus de Mme Pailhasson, nous avons Mlle Latapie (jamais orthographié Letapis). Pas sur l'échelle de la beauté, sur celle de la vertu. Élisa Latapie, morte et enterrée avec pompe en octobre 1857, « comme une sainte », raconte Laurentin. Avait demandé à être revêtue de sa robe blanche de congréganiste – raison pour laquelle Mme Milhet, fine mouche, déduit que c'est sûrement son fantôme, la forme blanche qui se manifeste à Bernadette. Avait légué de quoi achever la chapelle de la prison et fonder une bibliothèque. Laissait « de volumineux écrits, plus étonnants que sa vie et que sa mort », dit l'abbé Peyramale, qui poursuit : « témoignant d'une haute intelligence, ils sont animés des sentiments, des vertus les plus héroïques. Ils respirent la foi la plus vive, la charité la plus ardente, l'humilité la plus profonde, une soumission entière à la volonté de Dieu pour le temps et l'éternité. » Ah, mais ! Il n'y a pas que des pochetronnes et des dévergondées, à Lourdes !

Et les trois demoiselles Tardhivail, si dévotes... Un peu réticentes au début, elles aussi finirent par soutenir Bernadette. La Mère Ursule Fardes et la Sœur Anastasie, qui officiaient à l'école où Bernadette venait juste d'entrer, eurent beau la moquer méchamment et lui enjoindre très sèchement de cesser ses « carnavalades », la petite passa outre leur censure et continua sans fard d'aller à l'essentiel, sa résurrection intime.

Fort pieuse également, Emmanuélite Estrade, qui vécut toute sa vie avec son frère Jean-Baptiste (chacun de nous fit son lit d'une marche), tous deux fidèles de la petite voyante, qu'ils eurent le privilège d'entendre lors des interrogatoires de Jacomet. Receveur des contributions, il témoigna pour elle, allant jusqu'à se relever de son lit de mort, en 1908, pour répondre aux commissaires de son procès en béatification.

Même la mère célibataire du brillant commissaire de police a suivi fidèlement l'enfant dans toutes ses visions. Mais elle, s'est abstenue de témoigner, sans doute par égard pour son fils, qui était en quelque sorte dans la partie adverse. Quel dommage que la comtesse Sophie de Ségur ne se soit pas déplacée elle-même à Lourdes pour y boire l'eau qui l'a guérie en 1869. Qu'eût-elle écrit sur la singulière « petite fille modèle » du pays ?

Antonin Artaud, lui, dit ceci de l'œuvre de Van Gogh, *le suicidé de la société*, que je trouve vrai pour Bernadette, l'œuvre qu'elle est en elle-même, bientôt exilée, rayée de la carte de la société pour avoir trop « vu », elle aussi :

« C'est de la nature nue et pure vue, telle qu'elle se révèle, quand on sait l'approcher d'assez près. »

Bernadette est une fille forte, foncièrement indépendante et frondeuse, comme les hommes et les femmes de ce pays, comme ces statues ou peintures de Jeanne d'Arc en armes et de Vierges baroques aux couleurs vigoureuses qui habitent les églises et chapelles émaillées entre monts et vallées. L'Espagne est proche, dont les théologiens défendaient depuis longtemps la doctrine de la *Purissima*. Les Pyrénées sont femmes, comme le dit le comte irlandais Henry Russell qui, après avoir connu toutes les montagnes du monde, devint, dans les années 1880, si amoureux de celles-ci que, dans sa « piété filiale », il se fit creuser des grottes jusqu'au plus haut du Vignemale, à 3 280 mètres d'altitude, ses « paradis » où il vécut et même organisa des réceptions de grand seigneur, déroulant pour ses hôtes des tapis persans sur le glacier. Voici de quelles sublimations ces montagnes rendent capables leurs fils et filles, naturels ou adoptifs. Ces montagnes que rien, pas même le tourisme, n'empêche de garder leur *purissima* beauté sauvage. Ces montagnes toujours indemnes dans les cœurs de ceux qui les connaissent, et qui indemnisent les cœurs en leur donnant foi en la possibilité d'une pureté originelle, et en son inviolabilité.

Assez profonde et généreuse pour se donner entièrement à ce qui lui arrivait, assez naturellement spirituelle, libre, solide mentalement et moralement, pour vivre sans dommages la longue aventure exaltante de sa vie, jamais enchaînée par le regard d'autrui, Bernadette dépasse de très loin en force et vigueur ceux qui la moquent ou la diminuent avec les « meilleures » intentions, de son temps et encore aujourd'hui, cent cinquante ans plus tard. Âme abrupte, cœur fervent, la petite voyante qui soulève foules et siècles est la quintessence incarnée de l'esprit de ce pays à la fois dur à vivre et fidèlement aimé de la beauté, témoin éternel du mariage de la terre et du ciel.

J'allai au bord du gave ramasser du bois avec deux autres petites, elles passèrent l'eau elles se mirent à pleurer, je leur demandai pourquoi pleuraient-elles ? elles me répondirent que l'eau était froide je les priai de m'aider à jeter des pierres dans l'eau afin de passer sans me déchausser, elles me répondirent que je devais faire comme elles, alors je fus un peu plus loin pour voir si je pouvais passer sans me déchausser, je ne pus pas, alors je revins devant la grotte pour me déchausser

comme je commençai, j'entendis une rumeur je me tournai du côté de la prairie, je vis que les arbres ne se remuaient pas du tout, je continuai de me déchausser, j'entendis la même rumeur, je levai la tête en regardant la grotte, je vis une Dâme habillée de blanc, elle avait une robe blanche et une ceinture bleue et une Rose jaune sur chaque pied couleur de la chaine de son chapelet ;

quand j'eus vu cela, je frottai mes yeux, je croyais me tromper, je mis la main dans ma poche j'y trouvai mon chapelet, je voulais faire le signe de la croix, je ne pus pas porter la main au front, elle m'est tombé,

la vision fit le signe de la croix, alors ma main tremblait, j'essayais de le faire et je pus, j'ai passé mon chapelet, la vision faisait courir les grains du sien mais elle ne remuait pas les lèvres, quand j'eus fini mon chapelet, la vision disparut tout d'un coup,

j'ai demandé aux autres deux petites si elles n'avaient rien vu, elles me dirent que non ; elles me demandèrent ce que c'était que je devais leur dire, alors je leur dis que j'avais vu une dâme habillée de blanc mais que je ne savais pas ce que c'était, mais quelles ne devait pas le dire

ensuite elles me dirent que je ne devais plus y revenir, je leur dis que non,

j'y revins le Dimanche pour la seconde fois parce que je me sentais pressée intérieurement, ma mère m'avait défendu d'y aller, après la grand messe, les deux autres petites et moi fûmes encore le demander à ma mère, elle ne le voulait pas, elle me disait qu'elle craignais que je tombe dans l'eau, elle craignais que je tombe dans l'eau, elle craignait que je ne fusse revenue pour assister à vêpres, je lui promis que ci,

alors elle me donna la permission de partir, je fus à la paroisse prendre une petite bouteille d'eau bénite pour la jeter à la vision lorsque je serai à la grotte si je la vois, en effet, je la vis, comme je lui en jetai elle me souriait, et inclinait la tête

quand j'eus fini de passer mon chapelet elle disparut elle ne me parla que la troisième fois elle me dit si je voulais y aller pendant quinze jours, je répondit que oui,

elle me dit que je devais dire aux prêtres d'y faire construire une chapelle ensuite elle me dit que je devais aller boire à la fontaine

n'en voyant pas j'allai boire au gave elle me dit que ce n'était pas là, elle me fit signe avec le doit en me montrant la fontaine j'y fus je ne vis qu'un peu d'eau sale, j'y portai la main je ne pus pas en prendre, je me mis à gratter après je pus en prendre pendant trois fois je l'ai jeté, à la quatrième fois je pus en boire ensuite la vision disparut et je me retirai,

j'y revins pendant quinze jours, la vision parut tous les jours à l'exception d'un Lundi et d'un vendredi elle me répéta plusieurs fois que je devais dire aux prêtres qu'il devait s'y faire une chapelle et d'aller à la fontaine pour me laver et que je devait priez pour la conversion des pécheurs

pendant plusieurs fois je lui de mendai qui elle était elle ne faisait que sourire tenant ses deux bras pendant elle léva les yeux en regardant le ciel puis elle me dit qu'elle était l'Immaculée Conception

dans l'espace de ces quinze jours elle me donna trois secrets qu'elle me défendit de dire à personne, j'ai été fidèle jusqu'à présent.

C'est dans son deuxième récit qu'elle écrit *je me trouée seule*, pour « je me trouvai seule », ainsi que *la main jusqu'au frond*, ou encore *je n'est pas aussez*, pour « je n'ai pas osé », et *de l'ancre*. Dans le troisième, *je ne pue pas*, pour « je ne pus pas ». Ce dernier se termine en beauté par cette phrase abrupte :

Elle avait les yeux bleu.

Dans chacun de ses sept récits autographes, écrits plusieurs années après les faits, on la voit confondre dans le temps le déroulement de ses actes et des paroles prononcées par « la vision », tels qu'ils apparaissent très nettement dans leur ordre chronologique à la lecture des déclarations à son confesseur puis à l'abbé Peyramale, ainsi que dans ses dépositions auprès du commissaire Jacomet ou autres autorités qui l'interrogèrent sans relâche, tâchant de la piéger afin de démasquer l'éventuelle supercherie. Mais les habiles techniques du harcèlement policier n'y purent rien, la petite illettrée face à tous ces grands messieurs garda infailliblement son cap. « En cours d'interrogatoire, elle rectifiait avec rigueur les transcriptions approximatives ou erronées qu'on lui soumettait, jusqu'à mettre Jacomet en colère», écrit Laurentin.

Son autorité lui venait de plus haut que la leur, voilà tout. Rien ni personne ne put jamais faire plier Bernadette sur ce qu'elle avait vu et entendu. Elle était encore à Lourdes lorsque fut inaugurée la mise en place de la statue de la Dame dans la grotte. Mais on renonça à l'inviter à la cérémonie, tant elle se révéla furieuse de voir que l'artiste n'avait pas respecté sa vision, qui était celle d'une petite demoiselle enfantine, et non d'une grande jeune femme taillée dans les canons de la vision officielle.

Quelques décennies avant Bernadette, une autre visionnaire, Catherine Emmerich, avait vu le prophète Élie contempler dans une nuée «une petite figure brillante semblable à une vierge dont la tête était entourée de rayons et dont les bras étendus formaient une croix» (la Vierge n'étant pas née à l'époque d'Élie, on peut trouver là un signe de son intemporalité). Et trois siècles plus tôt, Thérèse d'Avila elle aussi voyait la Vierge *muy niña*, toute petite.

Plutôt que d'aller à Nevers, Bernadette aurait bien voulu entrer dans un ordre dédié à saint Bernard, ou celui de la carmélite *déchaussée* (je ne peux m'empêcher de relier ce nom donné aux carmes réformés par sainte Thérèse à cet instant où la petite voyante s'est déchaussée au bord du gave, *déchosée* comme elle l'écrit, juste avant de voir pour la première fois), mais on lui opposa, peut-être pour ne pas dire qu'il lui manquait une dot, qu'elle n'avait pas assez de santé pour cela.

En avoir toujours assez, pour le désert et pour la nuit.

Si, plusieurs années après, Bernadette mélange les dates, c'est qu'elles n'ont pas d'importance. Seuls comptent l'esprit, la vérité des visions, des gestes et des paroles. En tout cas elle n'a pas oublié que c'est un lundi et un vendredi qu'Aquero n'est pas venue au rendez-vous. Oui, rien n'est plus difficile à oublier que les rendez-vous manqués, c'est au fer rouge qu'ils s'inscrivent dans la chair.

La vierge qui porte
le verbe divin
vient sur le chemin
ouvrez-lui la porte. »
(Jean de la Croix, carme déchaussé)

Purissima, la Vierge *muy niña*, enfantine, plus jeune encore que son fils, ainsi que la vit Michel-Ange sculptant le visage de sa *Pietà*. Plus jeune encore que son fils, ce qui veut dire indemne comme avant d'être mère. Ce qui veut dire fille de son fils, autant que sa mère. Il fut en son sein, elle naît de sa plaie. En elle le berça, de lui fleurit. Pitié pour eux.

La pietà qui porte
le verbe trahi
ouvre la porte
à la vie.

Sur ses genoux elle le porte. Sur les genoux on prie. Du genou souffrent en mourant la petite voyante, le poète voyant. Deux + deux, quatre.

Le verbe qui porte.
La douleur de l'être.
Tombe en chemin.
Un genou en terre.

Tombe des lèvres
le verbe qui vient
gardien te relève
à la porte.

« L'homme voit l'éclat qui brille à travers la porte de la Loi, alors que le gardien reste toujours le dos tourné à l'entrée en sa qualité de sentinelle. »

Franz Kafka, juif dévêtu.

Après les petites filles, très vite ce sont les femmes, donc, qui accompagnent, suivent, soutiennent Bernadette. Toute cette féminité, comme une source qui aurait discrètement percé la roche, et se libérerait enfin pleinement, bondirait à flots vifs. Les petites filles, puis les femmes du peuple, puis d'autres femmes, et des hommes, puis des femmes et des hommes affluant de toute la région. Mus par quelle pulsion, quel instinct, quelle soif ?

Il faut une langue poétique pour répondre à ces questions, les meilleurs philosophes le savent. « La pulsion limpide est l'essence-de-lumière », dit Hegel, « qui... erre maintenant çà et là comme une troupe de femmes exaltées, le vertige indompté de la nature dans une figure autoconsciente. »

Toute la ville, tout le pays veut aller avec elle. Aller au lieu de la lumière qui se montre à elle. Aller regarder bouger les reflets de Cela sur son visage de jeune fille enfantine. Bernadette sourit, pleure, bouge les lèvres, tient des conversations muettes, prie en silence, égrène son chapelet, salue, se signe, s'agenouille, se relève, recommence, sourit encore ou même rit, la foule autour d'elle immobile, rivée à elle, de temps en temps levant les yeux où elle regarde, là-haut dans la niche au-dessus de la grotte, puis prenant avec elle le chemin du retour, un peu sonnée, la foule, tandis que la voyante aussitôt reprend sa vie de petite fille comme si de rien n'était, presque comme si elle avait déjà oublié, alors qu'elle était si pressée d'y être, d'y arriver, vingt ou trente minutes plus tôt. Seulement soucieuse, les fois où il y a un message, de le garder en mémoire le long du chemin jusqu'au moment de pouvoir le rapporter à l'abbé. Jour après jour les gens viennent de plus en plus en avance pour avoir les meilleures places, vers la fin certains passent même la nuit sur les lieux. Oui, c'est sans doute cela qu'ils ont si soif de voir, *le vertige indompté de la nature dans une figure autoconsciente.* Ceux qui ont la chance d'être tout près jurent que son visage devient un ravissement, et même ceux qui sont plus loin voient que nul n'a jamais tracé dans l'espace d'aussi somptueux signes de croix, d'aussi gracieuses révérences. Si on l'interroge, Bernadette dit qu'elle n'y est pour rien, elle fait juste comme la Dame.

La corporation des carriers, ces hommes forts qui travaillent tout le jour à arracher ses durs trésors à la roche, est conquise comme un seul homme par l'aventure de Bernadette avec la Dame de la grotte. Non contents d'aller aussi prier sur les lieux, eux qui sont par tradition fort dissipés et piliers de bar, ils construisent un chemin pavé, de leur propre initiative et gratuitement, pour faciliter l'accès à Massabielle. Comme les autres, ils se mettent à aller plus souvent à l'église, et alors que les curés restent prudemment en dehors de toute cette histoire, ils constatent qu'ils n'ont jamais vu autant de monde aux messes. (Le seul ecclésiastique à s'être rendu aux apparitions, une seule fois et le plus discrètement possible, fut l'abbé Dézirat.)

Très vite aussi, et tout aussi spontanément, les dons affluent. Les gens laissent de l'argent et toutes sortes de cadeaux, comme ça, à la grotte, sans se soucier de savoir qui les récupérera. L'argent est ramassé de temps en temps par telle ou telle, qui le passe à telle ou telle, qui l'apporte au maire ou au curé, pour les œuvres. La vie est dure et on n'a pas pour habitude de jeter l'argent par les fenêtres, on le recompte plutôt deux fois qu'une, mais là personne ne songe à se méfier un instant, à vérifier la façon dont il circule, transite, est finalement employé. Tout cela est entièrement gratuit. Petit à petit on aménage une sorte d'autel, pour tous ces ex-voto, fleurs, bijoux, coquillages, plumes, crucifix en os et autres objets faits à la main, j'ai l'impression de voir des enfants pour qui c'est tous les jours fête des mères, avec leur cadeau à la place de réciter un poème ils disent une prière, c'est la même sorte de joie, de plaisir. Une fois trouvée la source, à partir du 25 février, ils viennent y boire, aussi, et puis il y a des guérisons, le plus souvent feintes mais ça ne fait rien, on est heureux, on y croit.

«Je ne veux pas la mort du pécheur, mais qu'il se convertisse et qu'il vive» (Ézéchiel, 18,23).

Quels sont, pour l'instant, les messages de Cela qui ne s'est toujours pas nommée, mais que tout le monde maintenant appelle la Dame? «Je ne vous promets pas de vous faire heureuse en ce monde, mais dans l'autre», a-t-elle dit à Bernadette la première fois qu'elle lui a parlé, lors de sa troisième apparition, le 18 février. Des paroles pas si faciles, mais qui venaient après une telle douceur, la demande de rendez-vous pour les quinze prochains jours, et si merveilleusement formulée... «Voulez-vous avoir la grâce...» Qui, avant Aquero, a jamais parlé ainsi à Bernadette? Oh, comment son cœur n'aurait-il pu fondre en secret dans sa petite poitrine habituée à encaisser les coups durs, les mots durs, et notamment ceux qu'elle a entendus cinq mois durant à Bartrès d'où elle vient de rentrer, et puis la douleur de l'asthme qui étouffe, aussi, et toute cette misère qui ne fait qu'augmenter autour d'elle, la mort, la saleté, la faim? « Voulez-vous avoir la grâce... », la Dame, la si belle petite demoiselle, lui a dit cela. Elle n'en parle plus, Bernadette, mais les mots continuent à vivre en elle, et aussi les trois secrets qu'elle a reçus et qu'elle ne répétera jamais, dont nous ne saurons jamais rien. Puis il y eut les messages pour les prêtres et pour les pèlerins, nous les avons déjà évoqués, elle doit les transmettre et elle s'acquitte pour le mieux de sa mission mais ce qui la fait courir, bien sûr, c'est ce qui se passe dans l'intimité entre elle et Elle, au vu et au su de tout le monde, mais sans que personne voie ni sache *vraiment*.

Le dernier jour de la quinzaine approche. Le dernier rendez-vous. Est-ce par angoisse de la fin? La foule se persuade qu'il se produira ce jour-là un miracle, ou bien que la Dame fera une grande révélation, un peu comme à La Salette huit ans plus tôt peut-être, enfin on attend quelque chose de spectaculaire, on l'attend si fort qu'on proclame que cela va avoir lieu, on le sait, on ne sait pas comment on le sait, ce n'est certes pas Bernadette qui a rien prétendu de ce genre mais c'est comme ça, on le sait, on le sent, il faut un bouquet final. Même les journaux en parlent, c'est l'événement, le grand, le seul. *L'Ère impériale* annonce : « Depuis hier matin toutes les routes du département sont couvertes de voitures, de cavaliers et de piétons qui se dirigent vers Lourdes. »

Des milliers de personnes, sept à huit mille, dix mille selon les estimations, convergent vers la grotte. Clarens, le voyageur érudit que nous avons vu un peu plus tôt comparer les ruelles de Lourdes à celles de Constantinople, tient à être là, et à témoigner :

« En vous transportant sur un monticule, vous auriez vu les deux rives du gave, aux environs de notre Grotte mystérieuse, littéralement couvertes de personnes remuant sans cesse, imitant très bien les agitations d'une vaste fourmilière. Quand la foule a défilé, vous auriez joui du spectacle le plus curieux : des files serrées se dirigeaient dans tous les sens ; les unes formant une ligne droite, d'autres une ligne brisée ; d'autres décrivant une courbe, d'autres enfin une ligne sinueuse ; l'ensemble, en un mot, présentait le coup d'œil le plus ravissant. »

Bernadette traverse la foule.

Tout cela je le raconte sans biographie à portée de main, de mémoire. Des notes dans un petit cahier, citations, noms, dates, c'est tout. Tous les livres que j'ai lus ou relus à partir de la mi-décembre, quand j'ai commencé à écrire les premiers mots de celui-ci, je les ai rendus à la bibliothèque de Lourdes quinze jours après, au moment de repartir à Paris. Je n'en ai pas acheté, je voulais laisser décanter en moi la récolte afin d'en faire mon vin au lieu d'être tentée de resservir les raisins, plus très frais. Qui cherche des informations plus détaillées trouvera bien sûr profit à consulter les nombreux ouvrages écrits sur le sujet. Sans doute suis-je amenée à confondre de temps en temps les faits dans leur strict déroulement, comme Bernadette dans ses récits autographes, mais comme elle aussi j'essaie d'en restituer avant tout l'esprit, sans pour autant broder ni rien dire de faux.

Chaque matin et chaque soir, depuis quelques jours que je me suis mise à écrire sans discontinuer, je regarde le visage de Bernadette qui me regarde dans les yeux, je la regarde dans les yeux en espérant lui inspirer confiance. Je ne suis pas elle et je ne peux prétendre parler à sa place, mais plus mon respect grandit, plus je peux être elle tout de même. Certains de ses secrets, je les comprends et je ne les dirai pas. Si je sais parler de son aventure avec assez de sensibilité, et si le lecteur sait la lire avec assez de sensibilité, il devrait lui aussi pénétrer certains secrets et les garder pour lui.

C'est à quoi servent les mots en vérité, ouvrir la possibilité du silence.

Nous sommes le 28 février 2007, je vais continuer à raconter le 4 mars 1858.

Ce dernier jeudi de la quinzaine, donc, Bernadette fend la foule innombrable qui patiente sur les lieux depuis des heures déjà, parfois depuis la veille au soir. Les carriers lui ouvrent le passage. Sa famille est là, aussi. Trois semaines plus tôt, seule avec pour tout bruit dans le grand silence de l'aube froide les pleurs toujours inexpliqués de deux petites filles passées de l'autre côté où elles danseront bientôt, seule dans le grand silence revenu puisqu'elle perçoit soudain une rumeur, les petites sans doute maintenant occupées à glaner du bois plus loin, seule en train de se déchausser elle a relevé la tête, vu une forme blanche en forme de petite demoiselle, s'est frotté les yeux, a vu.

Deux semaines plus tôt, lors de sa troisième apparition, Aquero lui a parlé pour la première fois, refusant d'un sourire d'écrire son nom sur du papier et lui demandant de lui faire la grâce de revenir. Le jour n'était même pas encore levé, la scène n'avait alors pour nouveaux témoins que Mme Milhet et sa couturière, qui pensaient aller à la rencontre de l'âme d'une sainte femme locale morte quelques mois plus tôt.

Et voici qu'en dépit des interdictions répétées de toutes parts, Bernadette a réussi à honorer son engagement, voici que cette petite pauvresse sans instruction a, sans le vouloir, exprimé une si grande force de conviction qu'autour d'elle les hommes se sont mis à suivre les femmes, les gens instruits à suivre les gens simples, les gens de la région à suivre les Lourdais, les classes sociales à se mêler dans la prairie, classes comme effacées d'un coup par l'urgence d'être avant tout des êtres humains face au mystère de la vie, de l'essence de l'humain et du divin. En la voyant voir, ils vont *per visibilia ad invisibilia*, du visible à l'invisible, ils se projettent « d'un bond hors du rang des meurtriers », comme dit Kafka, puisque, comme le prétend Freud, il se pourrait que la société soit fondée sur un meurtre originel commis en commun. Ici dans cette prairie, sous ce ciel, entre ces montagnes, sur le visage plein de cette jeune fille, plus de meurtre originel mais la pureté, originelle et à jamais, du cœur qui connaît l'amour vrai.

Même si les foules sont remarquablement calmes autour d'elle, la paix de Bernadette est souvent dérangée par tel ou tel qui, moins discret, l'approche d'un peu trop près pendant ses échanges, ou essaie de lui parler, ou encore, voulant voir ce qui se passe dans la grotte, frôle les tiges retombantes du buisson d'épines où se tient la vision. Le plus souvent elle est requise par sa vision au point de s'abstraire complètement de ce qui se passe autour d'elle, c'est ainsi qu'une fois elle a tenu entre ses mains la flamme de son cierge pendant de longues minutes, pour la protéger du vent, sans en éprouver la moindre brûlure – ce en quoi certains ont voulu voir un miracle. Plus d'une fois elle essaie de se rendre à son rendez-vous à une heure où on ne l'y attend pas, espérant un peu plus de tranquillité. Mais que les gens autour d'elle troublent ou non son intimité, elle ne se plaint pas. Puisque c'est ainsi, c'est ainsi, quoi qu'il en soit, elle se donne. Elle n'est pas exhibitionniste et pourtant elle se livre tout entière, telle est sa mission, elle le sent. Tant pis pour les railleries, la curiosité pas toujours saine, les jalousies, puisque ce qu'elle fait, fait du bien. Ce qu'elle fait, allume une petite lumière dans un sombre temps. C'est par son visage et son corps qu'elle peut le mieux parler. Ils sont vibrants de vérité, une vérité lumineuse a choisi de passer par eux, alors elle les donne.

Seulement ce n'est pas facile de se contenter d'une petite lumière, une petite lumière qu'il faut faire fructifier soi-même pour qu'elle devienne grande. Cette petite lumière ouvre l'appétit et en même temps fatigue d'avance les *féniants.* « Féniant ! » lançait en riant Bernadette à un étrange petit handicapé auprès duquel on l'amenait, qui écrivait de pleins cahiers de notes sensibles, mais restait bouche bée et refusait de l'ouvrir et l'actionner pour se nourrir, sauf quand Bernadette venait elle-même le faire manger.

Ce 4 mars, dix mille féniants sont dans la prairie où ils tracent de gracieux mouvements de foule, attendant la becquée comme un seul oisillon, attendant que leur tombe tout mâché dans le gosier un bon gros miracle qui leur apporte d'un coup l'illumination, la grâce, le bonheur.

Bernadette passe entre les rangs serrés, s'agenouille devant la grotte, la fixe en faisant les gestes habituels, commence à réciter son rosaire. Pressés les uns contre les autres les gens retiennent leur souffle, ils attendent, ils attendent. Il semble que la vision tarde à venir. Finalement la voici, le visage de Bernadette l'indique. La tension du public est à son comble. La Dame fera-t-elle au moins fleurir le buisson de roses, afin que l'on sache qu'elle est la Vierge Marie ? Bernadette s'y reprend à trois fois pour se signer. Tracer son signe de croix si ample et gracieux, comme pour s'ouvrir afin de recevoir sa vision. Le temps d'égrener trois chapelets s'écoule.

Rien ne se passe. Comme elle le fait depuis quelques jours, elle baise la terre et rampe à genoux vers la grotte puis se relève, salue l'apparition et s'en va, égale à elle-même, traversant de nouveau la foule, qui est maintenant consternée de déception.

« Que de pauvres diables ont été humiliés », commente le journal *Le Lavedan*.

Eh oui, pauvres diables.

« Dix mille personnes se sont rendues à Lourdes pour jouir de l'absence de ce spectacle merveilleux », ironise, nous l'avons vu, *Le Bagnerais*.

Quelques années plus tôt, à Paris, le fameux mime Deburau, dont le spectacle déplaçait les foules, est un jour lui aussi atteint par l'épidémie de neurasthénie. Il va consulter un médecin qui lui conseille, pour l'aider à guérir de son ennui, d'aller voir sur scène... le mime Deburau. Mais c'est moi ! ne peut que répondre le malheureux comédien.

Quelques années plus tard, le révolutionnaire Auguste Blanqui, communiste utopique, se met à rêver d'une sorte de salut par les sosies, comme aujourd'hui par les clones dans les romans de Michel Houellebecq. « Le nombre de nos sosies est infini dans le temps et dans l'espace », écrit Blanqui. Si notre vie sur terre est morne, impuissante et ratée, on peut toujours penser avec lui que « tout ce qu'on aurait pu être ici-bas, on l'est quelque part ailleurs ». Après tout, oui, c'est peut-être vrai, de même qu'est peut-être vraie la promesse de la Dame quand elle dit : « Je ne vous promets pas de vous faire heureuse en ce monde, mais dans l'autre. » Est-ce pour autant une consolation acceptable ? Vaut-il mieux chercher consolation ou courage ? Et si c'était le vrai sens de cette phrase ?

La meilleure consolation, c'est de trouver le courage de chercher *en ce monde* le possible, ou le bonheur, de l'autre ou des autres mondes. L'autre monde existe, il est en nous. Et notre mission est de le faire advenir en ce monde. Sans attendre qu'il nous soit servi comme à la becquée après notre mort ou dans quelque univers parallèle – où nos sosies attendent peut-être aussi que nous vivions sur terre les possibles qu'ils n'ont pas le courage de vivre là où ils sont... La vraie consolation, c'est de ne pas s'exempter de sa liberté. Au cœur du monde, en notre cœur : l'esprit, et ses possibilités infinies.

« Le combat spirituel », disait Rimbaud. « Le vin tire son ivresse de nous, et non pas nous de lui ; le corps existe à cause de nous, et non pas nous à cause de lui », disait Rûmî. Que rejoint Léon Chestov, l'ardent combattant chrétien, pour qui se résoudre à la nécessité, c'est démissionner. « L'anamnèse », écrit-il, « le souvenir de ce que contempla au Paradis votre ancêtre Adam, ne cessera de vous troubler, les hymnes à la gloire de la raison vous paraîtront ennuyeux, et au milieu de nos évidences vous vous sentirez comme en prison. »

Que chacun sache, comme Bernadette, trouver sa propre voie pour sortir de la prison, du *cachot* où la société l'a réduit à vivre.

... *Pourquoi pleuraient-elles ?*

Je pense au premier rêve humain que nous connaissons. Il a plus de trois mille ans, c'est une femme qui le fit, la Mésopotamienne Addudûri, et c'est Roberto Calasso qui le rapporte. Addudûri grava ceci sur des tablettes d'argile :

« Dans mon rêve, j'étais entrée au temple de la déesse Bêlit-ekallim ; mais la statue de Bêlit-ekallim ne s'y trouvait pas ! Ni même les statues des autres divinités normalement placées auprès d'Elle. À ce spectacle, je me suis mise à pleurer longuement. »

N'était-ce pas plutôt Bernadette qui pleurait, seule derrière la barrière d'eau ? Elle qui leur demande en vain de jeter des pierres pour l'aider à franchir le petit canal ? Pourquoi pleureraient-elles, elles qui sont passées lestement de l'autre côté, s'amusent ensemble, s'apprêtent à danser ? Bernadette dans ce premier récit (et seulement celui-ci) n'a-t-elle pas transposé son propre désarroi sur elles ? La grotte est le temple, et si la divinité n'y est pas, insondable est la solitude de l'être, au moment où il se trouve séparé d'autrui.

« La grotte était mon ciel », dira Bernadette, bien plus tard, exilée et malade. Et aussi : « Ce qui me regarde ne me regarde plus. » Voulant dire par là qu'elle s'en remet à Dieu. Mais disant aussi autre chose. « Cela » ne te regarde plus, tu L'as perdu.

pourquoi pleuraient-elles ?

C'est toi qui pleurais, Bernadette. Tu pleurais d'avance, pour Aquero qui n'était pas encore là, pour

Aquero que tu perdrais un jour. Tu pleurais comme Elle dans le temps a peut-être pleuré pour son Fils pas encore né et qu'Elle perdrait un jour.

À Gargas comme dans les autres grottes préhistoriques le bestiaire peint sur les parois par nos très lointains ancêtres ne rappelle-t-il pas celui que les hommes voient aussi depuis si longtemps dans le ciel étoilé ? Dans la nuit de la grotte ils apportaient leur lumière et leurs visions, la grotte était leur ciel, le seul qui s'offre au toucher des hommes, le royaume d'ici-bas. Et les hommes y apposaient leurs peintures, leurs gravures, leurs signes et leurs empreintes de mains afin que ce ciel soit habité, afin de ne pas pleurer de l'insondable solitude de l'être, de la séparation du ciel et de la terre et de la séparation des êtres.

Lourdes est née d'une absence. En langue primitive, je dirais que sa Vierge est le retour de l'esprit du glacier qui occupait l'espace de la ville il y a des dizaines de milliers d'années. Tu pleurais d'avance, parce que tu venais d'entrer dans le temps de l'Immaculée Conception, qui ignore le temps. *Uo rumor*, qui te fit lever les yeux vers Celle dont tu ignorais encore le nom, ce souffle, *ruah*, qui signifie aussi « esprit » en hébreu, est dans cette langue du genre féminin, de même que, nous dit Rûmî, les Arabes nomment l'esprit au féminin, car « l'Esprit n'a rien de commun avec l'homme et la femme. Il est plus haut que le féminin et le masculin... (il est) l'essence de la douceur. »

La Vierge est la douceur de Dieu. Unie à l'Esprit qui est en Elle, Elle est l'Immaculée Conception. C'est toi, Bernadette, qui as eu le génie de cette formule. C'est par toi qu'elle est venue, qu'elle s'est révélée. Jusque-là, l'Immaculée Conception de la Vierge était un dogme. Par toi elle est devenue un être.

Après des siècles de batailles théologiques, Pie IX déclare donc en 1854, par la bulle *Ineffabilis Deus* : « La Très Sainte Vierge Marie fut préservée de toute souillure du péché originel, dès le premier moment de sa conception, par une grâce singulière et un privilège accordés par le Dieu Tout-Puissant, et en raison des mérites de Jésus-Christ, le Sauveur de l'espèce humaine. »

Ainsi ce sont les mérites futurs de Jésus qui confèrent à sa mère le privilège unique d'être conçue sans péché. Les temps sont abolis dans l'Immaculée Conception parce qu'elle est l'Absolu.

Pour Hegel la conception est une ontothéologie de la révélation. Pour le dictionnaire, elle est la « formation d'un nouvel être dans l'utérus maternel » ; ou bien la « formation d'un concept », l'« action de concevoir », ou la « façon de concevoir ». Proclamer le dogme de l'Immaculée Conception de la Vierge, c'était dire qu'elle avait été conçue pure parce que conçue par l'Esprit, pure création de l'Esprit. Si la Vierge déclare « Je suis l'Immaculée Conception », c'est qu'elle n'est pas le fruit d'une opération de l'Esprit, mais son opération même. La Vierge est l'Œuvre de l'Esprit, non comme résultat, mais comme acte toujours en train d'avoir lieu. Autrement dit encore, l'Œuvre de l'Esprit n'est pas un objet fini mais un acte agissant dans l'infini. L'Œuvre de l'Esprit n'appartient donc pas au monde de la corruption, Elle n'est pas dégradable, Elle est pure par essence. L'Œuvre de l'Esprit est une Langue, un Poème. Quand l'Esprit descend sur les disciples, à la Pentecôte, ils parlent en langues, c'est-à-dire ils entrent dans la Langue universelle, celle qui rachète Babel. Quand le poète se baigne dans le Poème de la Mer, comme le dit Rimbaud, il devient en cet instant son œuvre de l'esprit et s'arrache d'un bond hors du rang des meurtriers, comme le dit Kafka, c'est-à-dire d'un bond hors du rang des hommes marqués par le mal et condamnés à la finitude. Quand Bernadette voit Cela dans la grotte (Cela dont certains esprits raisonnables ont pu s'étonner qu'elle sache parler patois, et en silence), elle aussi s'arrache d'un bond à notre humanité meurtrière.

Voilà ce qu'a perdu Bernadette, en perdant sa grotte. Voilà *pourquoi pleuraient-elles*, toutes les petites, en elle que Cela ne regarde plus parce qu'elle ne peut plus voir Cela. Voilà pourquoi pleurait cette femme, il y a plus de trois mille ans, le premier être humain qui ait songé à graver par écrit son rêve dans l'argile, un rêve tellement essentiel. Voilà pourquoi pleurent les femmes et les hommes, et les poètes aussi, parce que la grâce d'être accueilli au royaume de l'Esprit se perd toujours, se retrouve mais se reperd aussi, parce qu'il n'y a pour l'être humain d'Infini, c'est-à-dire d'Union dans la divinité, que par moments. Et qu'il est condamné à en garder la nostalgie du Paradis perdu.

pourquoi pleuraient-elles? Parce qu'elles attendaient, en toi, que tu leur apportes la révélation de l'Immaculée Conception, de la douce éternité qui malgré tout reste présente pour qui veut bien la rencontrer, et qui, un jour, s'incarna dans une femme.

Jeudi 11 février, Aquero révèle sa présence ; jeudi 18 février, Elle révèle sa voix ; jeudi 25 février, Elle révèle la source ; jeudi 25 mars, Elle révèle son nom.

Si le temps qu'il faut pour faire un monde s'appelle une semaine, Aquero a fait le sien à Massabielle en une semaine de quatre jeudis. Temps d'école buissonnière pour enfant entrée pour la première fois en classe à peine un mois plus tôt. Décidément à quatorze ans, on a raison d'avoir peur que la société vous confisque la vie libre. À peine sortie du service au cabaret de sa tante, Bernadette est mise en domesticité chez sa nourrice ; à peine sauvée de Bartrès, la voici en apprentissage scolaire dans la section des indigents ; à peine trouvée la clé des champs, l'échappée belle vers l'amour et la lumière, la voici exposée comme un animal de foire, mise à la question de toutes parts, puis définitivement écartée du monde.

Que peut-on vivre de meilleur, pourtant, que d'être levé au petit matin, le cœur battant, pour courir vers un rendez-vous essentiel, courir vers la joie, la vie, l'illumination même avec ses douleurs ? Quels moments plus poignants et précieux que ceux où la nuit se métamorphose en jour, où l'on marche, semelles ailées, dans l'odeur des herbes saturées de rosée et les premiers chants d'oiseaux, vers un lieu de silence et de paix, un lieu secret niché au sommet de notre cœur, dans la forêt du corps, dans la forêt profonde de notre âme, juste sous le vaste ciel ouvert qui se peint de couleurs comme s'il rosissait de désir et de pudeur mêlés ?

Ta première fois fut la plus belle, Bernadette, elle t'appartient à jamais.

Je croyais écrire un essai, je m'aperçois que je suis en plein roman. Ce n'est pas moi qui transforme cette histoire en roman, je fais de mon mieux pour conserver à mon livre la forme de l'essai. Ce n'est pas moi, ce sont les mots, c'est-à-dire les faits, qui depuis le début me poussent à les suivre là où ils veulent aller, où ils veulent m'emmener voir quelque chose qu'ils ont caché. Je suis comme une idiote, je suis le fil, malgré l'obscurité je me rends compte que je tourne dans un labyrinthe rond, il me semble que je vais vers le centre tout en subissant aussi une force centripète qui me propulse sans cesse à l'extérieur de ce qui ressemble à un trou, tout en continuant à progresser vers le centre de la spirale.

C'est la question de Dieu, le point aveugle de cette histoire. Nous vivons l'acmé d'un temps, déjà commencé à l'époque de Bernadette, où Dieu est associé à la Mort. Pour les uns, Dieu est Celui qui leur délivre le permis de tuer afin de régner en Son nom sur le monde ; pour les autres, Il est mort, il est le grand Mort, le grand Disparu, qui laisse l'humain absolument seul au monde, dans tout son orgueil et toute sa détresse.

Ce que nous voyons se produire ici et là sur la planète en ce monde déshabité par la vie, il me semble que cela fut inauguré sur notre terre de France, fille aînée de l'Église et dédiée à Marie, au temps de la Terreur. Tout comme moi, pauvre idiote, l'Histoire tourne dans son labyrinthe, soumise à des forces qu'elle embrasse et combat tour à tour, en quête d'un royaume toujours projeté dans le futur sans cesse repoussé ou dans un passé toujours perdu et regretté.

La Mort est l'ennemi à combattre pas à pas, instant après instant. Jamais il n'abandonne ses armes. Après la Peste noire la Terreur, mais la peste demeure sous différentes formes et virus, tandis que tout en demeurant aussi la terreur ouvre la porte au prochain fléau déjà en place, la Sidération. L'être humain du XXIe siècle est sidéré face à ses écrans comme Ève face au serpent, c'est pourquoi il a plus que jamais besoin de l'Immaculée Conception qui rachète la première femme tombée, c'est pourquoi il cherche la consolation de la Vierge, la mère non fautive de l'Homme, l'éternellement enfantine située au-delà du bien et du mal.

L'homme issu des Lumières de l'homme, l'*Homo sapiens sapiens sapiens*, quand il se prétend par-delà bien et mal le plus souvent place sa liberté dans la liberté de faire le mal sans culpabilité. Alors qu'il est criant que « la liberté de pécher », ainsi qu'à la suite de Chestov le dit Vladimir Jankélévitch, « est une liberté illusoire, momentanée et unilatérale, une liberté qui n'est que le prélude d'une servitude redoublée : car l'homme devient la dupe du choix déjà choisi ». Marie, elle, place sa liberté dans l'anagramme de son nom en français, qui est aussi l'une des étymologies de son nom originel : aimer. (Une autre étymologie le fait dériver d'un verbe hébreu qui signifie « voir », ou « qui fait voir ».)

« La liberté ne choisit pas entre le bien et le mal, la liberté détruit le mal », affirme vigoureusement Chestov. C'est ce que fait aussi la Vierge piétineuse de serpent. Jésus proclame que la vérité rend libre. La vérité est ce qui est au-dessus de bien et mal, et aussi au-dessus de masculin et féminin : l'Esprit. L'Époux de Marie, qui descendu en elle devient la douceur de Dieu, l'Amour.

Il est des spiritualités sans Dieu, dit-on. Tout dépend du sens que l'on accorde au terme « Dieu ». Selon les religions du Livre, il existe une alliance entre l'homme et Dieu. Mais le Dieu de maître Eckhart, par exemple, est sans doute plus éloigné de l'homme encore que le Tao ou d'autres voies par lesquelles l'homme nomme et envisage l'Esprit. (Quant à l'athée fervent, personne n'est peut-être plus lié à Dieu que lui, qui Le nie farouchement, pieds et poings liés par son contrat de non-alliance.) On trouve dans toutes les spiritualités, tous les mysticismes, au stade le plus élevé de leur accomplissement, les mêmes principes de douceur, d'abandon, de soumission au Principe supérieur, comme solution de libération. Ces valeurs que l'on dit féminines et qu'incarne Marie au jour de l'Annonciation, dans son oui à l'ange Gabriel. Qui seront celles aussi de Bernadette acceptant ses visions, et répondant oui à la demande de rendez-vous. Ainsi la grâce peut-elle être vécue sur un mode ascendant fulgurant dans le oui, ou dans la lente descente en soi d'une cascade de oui(s).

Ce oui qui est celui de l'amour donne la vérité, qui donne la liberté, qui donne le courage de vaincre le mal et la peur. Ce oui qui, en une certaine aurore à Lourdes, prit la forme d'un trou dans la matière soudain habité de vie, ce oui, ce mot qui m'attend au centre du labyrinthe, enlacé au non, ce mot vers lequel les autres s'agencent de façon romanesque afin de nous véhiculer jusqu'à lui.

Une faille a fait cette ville. Elle occupe l'emplacement d'un ancien glacier qui descendait des montagnes, et dont reste aujourd'hui le lac. Or cette disposition géologique trouve, à l'époque des apparitions, des correspondances historiques dans l'isolement de ce bourg, jadis place forte mais souffrant désormais de son enclavement géographique, et dans l'isolement progressif de la famille de Bernadette, l'un et l'autre dépassés par leur siècle.

Des livres sur Lourdes semblent habités de ce pressentiment. Pierre Assouline, à propos de la faillite de la banque locale, parle de « La chute de la maison Lacaze ». Anne Bernet évoque « La chute de la maison Soubirous ». Ces titres de chapitres renvoient au conte d'Edgar Poe, *La chute de la maison Usher*, dans lequel la bâtisse porte en façade une fissure qui zigzague du toit à l'étang dans lequel elle se reflète. Cette vision de génie comporte aussi une sorte de grotte, une crypte hantée par un personnage féminin, et un lien fatal qui pourrait se lire en miroir inversé, comme la face sombre, de l'aventure de Bernadette. Alors que la demoiselle de sa vision est blanche comme la lune à laquelle est souvent associée la Vierge (dans l'Apocalypse de Jean ou encore à Éphèse où le culte de Marie a remplacé celui de Diane), dans le conte de Poe la pleine lune se couche, « rouge de sang ». La tentation de l'inceste et de la mort finit par provoquer la chute de la maison.

Laurentin dit que le Lourdes de 1858 lui rappelle Oran dans le prologue de *La peste* de Camus, paru en

1947. Une ville sise dans une riche nature mais enfermée dans ses limites géographiques aussi bien que dans ses habitudes.

Autour de la maison Usher règne une vapeur *pestilentielle*, nous dit-on dès le début ; et le narrateur lit à la fin une histoire de dragon au souffle *empesté*. La peste, dit Antonin Artaud qui a étudié de près la question, est « une sorte d'entité psychique », et non, comme on le croit trop facilement, une maladie portée par un virus qui frappe par hasard. Ce n'est pas pour rien que son livre *Le théâtre et son double* (1935) commence par un texte sur *Le théâtre et la peste*. La peste survient sur une scène prête à la recevoir. Un peu avant la Première Guerre mondiale, Freud, à la proue du bateau qui arrive en Amérique, dit à Jung : « Ils ne savent pas que nous leur apportons la peste. » La peste est la maladie qui se déclenche à Thèbes quand Œdipe, sans le savoir, épouse sa mère. En 1940, fuyant l'Europe, « la peste brune » et son idéologie incestueuse prônant un peuple sans mélange, un autre écrivain juif viennois, Franz Werfel, en transit pour quelque temps à Lourdes, est à ce point touché par l'histoire de Bernadette qu'il fait vœu d'en faire un roman, s'il parvient à se mettre à l'abri.

Des parfums d'inceste et de mort se répandent dans toute société ou structure sociale qui se replie sur elle-même. La leçon est valable dans tous les temps, y compris bien sûr dans le nôtre, où les tentations de nationalismes et communautarismes de toutes natures s'exacerbent partout. Le retour aux valeurs identitaires, s'il constitue un antidote à la déculturation engendrée par la mondialisation, peut aussi rapidement verser dans l'exclusion, subie, volontaire ou imposée à d'autres. C'est toute l'histoire du XXe siècle, nous ne cessons de nous en désoler et de nous la reprocher, tout en la perpétuant par d'autres voies.

Or Lourdes a échappé à la peste – une peste ou une autre. Quelques années plus tôt elle avait connu le choléra et un début de famine, mais, figée dans son attente de quelque chose qu'elle ignorait, elle pouvait encore être investie par le pire. Une toute jeune fille un matin d'hiver s'en alla ramasser du bois et, quand le rideau de scène s'ouvrit, elle eut peur d'avoir vu apparaître le Diable, mais c'est une figure toute de douceur et de lumière qui se révéla. Certes au cours des semaines suivantes le Diable protesta et tenta de se faire valoir en lieu et place, mais l'amour fut décidément plus fort que le mal.

On entend parler et chanter à Lourdes en beaucoup de langues, on y voit des foules très cosmopolites, des femmes en sari ou en boubou aussi bien qu'en jupe ou pantalon, on lit sur les peaux les empreintes diverses du soleil sur la planète, on devine des cultures et des pratiques religieuses différentes. Tout ce monde se croise dans cet espace réduit entre les montagnes, ces milliers, ces dizaines et centaines de milliers de personnes de toutes origines et de tous âges processionnent par les ruelles et la simple prairie au bord du gave, dans une paix qui paraît souvent presque irréelle.

La figure maternelle de Marie ne suffit certainement pas à ce miracle. Bien sûr elle console et calme chagrins, révoltes, tensions et douleurs, ainsi qu'une mère avec ses petits enfants. Mais il y a quelque chose de plus. Quelque chose *d'ineffable*, comme le disait la bulle du pape Pie X. Quelque chose qui cherche à se dire pourtant, et qui s'exprima notamment à travers Jean-Paul II, qui trouva lors de son voyage de 1983 à Lourdes, des mots d'une grande beauté :

« Devant toi, ô Mère du Christ, devant ton cœur immaculé, je veux aujourd'hui m'unir à nouveau à notre Rédempteur qui s'est consacré pour les hommes, afin de les régénérer par le pardon et de les nourrir de sa vie. Tu t'es unie, plus que quiconque, à son offrande pour le salut du monde. »

Oh, comment peut-on résister à une religion si poétique ? Je me dis que ce qui attirait surtout les hommes et peut-être plus encore les femmes à l'église autrefois, c'était la parole de l'officiant. On sait que les cathédrales et les églises étaient en elles-mêmes des livres de pierre, que leurs sculptures, vitraux et peintures étaient lisibles par les fidèles analphabètes (alors qu'aujourd'hui peu de monde sait les lire), mais les mots, la parole ? Les mots étaient dans les prières récitées, et dans la parole de celui qui savait, le prêtre, capable de s'adresser à un auditoire et de lui apporter une vérité révélée, capable de lire ou de composer lui-même des phrases qui touchaient au cœur, investies d'une autorité sans pareille.

La parole est à la fois érotique et transcendante, les hommes et les femmes le savent bien, qui s'adressent des mots d'amour pour à la fois attiser leur désir et le purifier. L'église, avec ses représentations de la Vierge, du Christ souvent presque nu, des apôtres, des saints et des saintes qui constituaient une humanité tantôt bienheureuse et tantôt souffrante, était pour les fidèles le lieu de l'éros inconscient, donc libéré du péché, en même temps que le coffre sacré de la poésie.

Comment ces dimensions se sont-elles amenuisées, voire perdues au fil du temps ? Tout comme l'industrialisation du pays a ruiné la famille Soubirous en fragilisant le travail de l'artisan, et mis à l'écart de l'activité économique la jolie petite ville au pied des Pyrénées, c'est l'industrialisation de la parole et de l'image qui a ruiné la religion. Leur prolifération galopante à travers les livres et la photo et plus encore à travers la presse, puis le cinéma, la radio, la télévision, l'Internet, etc. On a calculé que l'homme du Moyen Âge voyait moins d'images en toute une vie que l'homme moderne en un jour. Je parie que la proportion n'est pas loin d'être équivalente pour le nombre de bavardages subis.

Le chant de Bernadette, écrivit donc Franz Werfel, fidèle à son vœu. Bernadette possédait peu de mots, et une maîtrise sommaire de sa langue. Aussi sa vision lui confia-t-elle un message de peu de paroles, mais condensé comme un poème, un chant. Le reste s'exprima par tous les autres moyens qu'a le monde de se dire, un lieu, un temps, des personnages, des paysages, une histoire, et puis des corps et des visages, en l'occurrence le corps et le visage de Bernadette, chargés de recevoir l'empreinte de ses visions au moment où elles lui venaient, afin qu'on pût y lire comme dans un livre de chair. Les premiers sanctuaires que connut cette prairie furent une grotte, un refuge pour la lumière cachée sous une sombre forêt, et la chair vivante d'une jeune fille enveloppée de vieux vêtements.

C'est en récitant son chapelet que Bernadette faisait vivre sa vision, en égrenant ces mots qui, comme dans toute récitation liturgique, même lorsqu'elle est faite dans une langue qu'on ne comprend pas (l'arabe ou le latin par exemple pour certains musulmans ou chrétiens), se chargent au cours de leur répétition d'un puissant pouvoir d'envoûtement et sont susceptibles, par leur rythme, de transporter l'être dans des transes parfois profondes. Aujourd'hui, à Lourdes, on récite et on chante. On fait de sa chair un temple, une parole qui n'est pas bavardage mais incantation. C'est par la force de la parole incantatoire émise, reçue, partagée, échangée, que, si l'on était soi-même maison Usher, fissurée, menacée par la peste, voire déjà tombée, l'on peut se relever.

Me voici de retour au paradis, c'est le nom que je donne à la petite chambre mansardée que je loue dans le sud de Paris, au sixième sans ascenseur, pour écrire. Nous sommes le 6 mars 2007, il pleut sur la ville, les toits de zinc luisent, le ciel est gris tourterelle, des mouettes planent, les antennes de télévision en forme de flèches de Zénon, secouées par le vent, semblent vouloir enfin filer dans l'espace, les rafales font des bruits de fleur géante qui s'effeuille, c'est très beau.

Ma mère me racontait quand j'étais petite qu'elle allait parfois au Grand Théâtre de Bordeaux, jeune fille, voir des opérettes avec ses sœurs. À ses yeux brillants je comprenais que ce qui lui plaisait au moins autant que le spectacle, c'était d'y assister de tout là-haut, sous les cintres, aux places des pauvres, qu'on appelait le paradis. Quelles étaient les intrigues de ces opérettes, je m'en désintéressais totalement, mais cet emplacement paradisiaque me fascinait, j'imaginais qu'on pouvait de là-haut voir toutes les lumières et tous les ors de la salle aussi bien que de la scène, entendre monter les musiques, léger et invisible comme un oiseau ou un ange, suspendu au creux de ce petit espace au confort sommaire, tout proche du mystère aussi, au cœur de la machinerie cachée.

Oui, il est bien des façons d'être sentinelle de l'invisible. Tout d'abord en voyant le pleinement visible que nous ne voyons pas quand nous sommes à nos places de riches. Ou encore en regardant tout ce qui n'est pas le spectacle que tout le monde regarde.

Il reste un angle mort dans cette aventure de Bernadette. Ce fameux moment, qui a tant choqué, où elle a mangé de l'herbe, « comme un animal ». Le rôle de la source, les mots de la Dame, « pénitence, prière, procession, lavez-vous à la source et buvez de son eau », ont été immédiatement compris parce qu'ils faisaient partie du déjà-entendu. Aujourd'hui encore, même sans en être spécialement instruit, on *voit* tout de suite ce que tout cela veut dire. Une source qui guérit, des paroles de catéchisme, font partie des codes habituels du spectacle. Mais il reste encore difficile d'identifier le sens de la phrase « Je suis l'Immaculée Conception », et le fait que la Dame ait demandé à Bernadette de manger de l'herbe. De même qu'un certain petit animal nommé desman ne se trouve que dans les Pyrénées, cette formule et ce geste sont spécifiques de Lourdes. Le fait si difficile à admettre que Bernadette ait brouté comme une bête, et cela sur la demande de la Vierge, est habituellement interprété, faute de mieux, comme un rappel de la tradition juive consistant à tuer un agneau pour le remplir d'herbes amères, en symbole de l'action de Dieu prenant sur lui les péchés du monde. Pourquoi pas, mais cela me semble un peu court, et d'autres intuitions me viennent, qui me demandent de trouver les mots pour les faire apparaître.

Ce jour-là, 25 février, est aussi celui où la Dame lui révèle la source, en présence de trois cents personnes. C'est la neuvième apparition. Il s'en produira neuf autres. Le jour le plus difficile, je crois. Même si tout fut toujours à la fois extrêmement facile et terriblement difficile.

Au tout début, Bernadette a eu un peu peur de ce qu'elle voyait. La première fois, le 11, dans son saisissement, elle est restée un instant paralysée. Il a fallu qu'Aquero la libère en faisant elle-même les gestes que l'enfant voulait faire, lui permettant ainsi de l'imiter, comme si des fils invisibles les reliaient, ainsi que ceux du marionnettiste et de sa marionnette. Ou bien comme si votre image dans le miroir était devenue soudain plus vraie que vous, et que vous ne pouviez faire autrement que de vous accorder à elle.

La deuxième fois, le 14, pour se prémunir d'une éventuelle tromperie, elle s'est munie d'eau bénite et en a aspergé copieusement Aquero, qui s'est contentée d'en sourire en inclinant la tête. Tout près d'elle, une pierre lancée par une fillette a roulé du haut de la falaise jusqu'au gave, les enfants ont pris peur devant la pâleur cataleptique de Bernadette, elles ont requis le secours d'un homme pour la sortir de cet endroit. Ils l'ont amenée au moulin le plus proche, toujours inconsciente du monde « réel », comme retirée profondément dans sa vision par défense contre des éléments extérieurs maléfiques.

La troisième fois, le 18, Elle a parlé. Avec des mots respectueux et fleuris lui a demandé de lui faire la grâce de venir pendant quinze jours, lui a promis de la rendre heureuse du moins dans l'autre monde... et Bernadette a connu un bonheur entier.

La quatrième fois, le 19, comme en signe de gratitude, la jeune fille est venue avec un cierge allumé. Plusieurs voisines l'accompagnent. Bernadette appelle sa vision « la petite demoiselle », ou « la fille blanche », ou « la petite fille ».

La cinquième fois, le 20, une trentaine de personnes sont là. Sans que nul entende rien, elle a appris de la Dame une prière spéciale. Mais à la fin, son visage s'est marqué d'une grande tristesse, comme si elle venait de comprendre que le caractère exclusif de leur relation, scellé par ce don d'une prière, contenait aussi la douleur de leur séparation.

La sixième fois, le 21, ce sont les complications avec la société qui se profilent. Avant l'aube, une centaine de personnes sont déjà à la grotte. Au retour, on l'emmène au commissariat, où elle subit son premier interrogatoire. Ainsi qu'elle le fera toujours par la suite, elle reste étonnamment calme devant Jacomet, ne disant pas un mot de trop, rejetant toute « broderie », refusant de nommer ce qu'elle voit autrement qu'« Aquero ».

La septième fois, le mardi 23, qui suit ce lundi où il n'y a pas eu d'apparition, cent cinquante personnes sont là. Aquero lui révèle l'un des trois secrets qu'elle ne doit pas répéter et ne répétera jamais.

La huitième fois, le 24, celle que tout le monde appelle la Dame répète trois fois « Pénitence ! », lui demande de baiser la terre et de prier pour les pécheurs. La phase préparatoire est terminée, on entre vraiment dans le travail spirituel. Un reporter du *Lavedan* évoque « l'événement » dont toute la ville parle. Il y voit « un fait bien étrange et bien sérieux s'il n'est pas déplorable ». S'y étant rendu une fois, il raconte les départs matinaux de Bernadette pour la grotte, et comment elle s'y comporte : « Déjà son corps se raidit, sa tête est immobile, ses yeux sont ouverts et fixes, son regard ne s'écarte pas de l'excavation qui est dans la grotte... Bernadette est dans l'extase. Son petit corps se fatigue, bientôt un léger sourire effleure ses lèvres ; ses yeux paraissent fatigués, on les voit, humides. Ses lèvres remuent comme si elle parlait. Elle a ri aussi, mais d'un rire bref, brisé, nerveux, et quelquefois elle incline son corps comme pour saluer. » Il note aussi le comportement de la foule qui l'accompagne : « Tout se passe dans le calme, nous dirons même dans le recueillement le plus complet, le plus religieux. » Et conclut en optant pour la possibilité que Bernadette soit malade. Toute la presse bientôt fera ses choux gras de cette histoire fort vendeuse, qu'elle traitera le plus souvent avec condescendance et railleries. Ignorant que Dieu écrit droit avec des lignes torses, ainsi que le dit un proverbe portugais, repris par Paul Claudel.

La neuvième fois, donc, est celle de la source et de l'herbe. 25 février. Trois cents personnes autour de la grotte regardent Bernadette, qui regarde l'Apparition.

Un jour elle me dit de mangé une herbe qui ce trouvé au même entroit ou je fus boire une fois seulement j'ignore pour quoi
(Deuxième récit, 1864)

C'est très au fond, qu'il faut aller chercher la source. C'est un travail qui nécessite et crée des extases, des douleurs, des tourments. Si vous ne vivez pas dans une société assez spirituelle pour le comprendre, vous devez encaisser en plus la réprobation générale. On vous dit fou, on veut vous guérir, vous entraver, vous empêcher de vivre ce que vous vivez, de révéler ce qui vous est révélé. Vous apprenez à vous détacher complètement du regard d'autrui, donc complètement de vous-même. Tout ce qui vous importe est de faire advenir, par tous les moyens possibles et en dépit de tout, quelque chose que vous ignorez mais qui s'impose. Ce-qui-se-révèle-à-vous devient une entité qui tour à tour vous apporte la grâce et vous soumet à la torture. Ce-qui-se-révèle-à-vous change votre vie, celle de votre entourage, bientôt celle de toute votre communauté. Si vous faites le travail jusqu'au bout, ainsi que le fit Bernadette, très courageusement. Car ce fut long. Dix-huit visions. Nous en sommes à la neuvième. Elle va devoir manger la boue. Et devant tout le monde. De quel trou noir viens-tu donc, Aquero, petite demoiselle ? Je viens de la Masse Vieille, la *tute aux cochons*, nichée sous les racines de la forêt profonde. Si tu veux libérer la source, jeune fille, il faut te mouiller là tout au fond, au fond du fond du Temps d'où je viens.

« Un jeune Indien d'Amérique qui veut devenir chamane ou qui se sent appelé à tenir ce rôle, se rend dans un endroit isolé, souvent au bord d'une haute falaise ou dans une grotte (...) la faim, la douleur, la concentration intense et l'isolement social se combinent pour le faire entrer en transe », écrivent Jean Clottes et David Lewis-Williams dans leur livre *Les chamanes de la préhistoire.*

C'est une science qui manque aux sociétés modernes. Partout dans le monde et depuis le début du monde, les chamanes ont su comment atteindre l'esprit à travers la matière, la matière de leur propre corps et celle de la nature, des lieux, des herbes. Artaud, qui cherchait la langue originelle et ressentait dans sa chair que notre société est malade d'avoir perdu l'esprit, est allé chez les Tarahumaras apprendre un peu comment utiliser le peyotl pour traverser les frontières, toucher l'infini.

Le christianisme a secrètement horreur de la nature, parce qu'il en a peur. Parce que, par contresens, il a développé au fil des siècles une perversion spirituelle qui lui a fait prendre en terreur la liberté que lui donnait l'Esprit, donc la chair, le réel. Jésus pourtant pardonnait à la femme adultère et même aimait Marie-Madeleine, c'est-à-dire le réel, le principe de réalité qu'elles incarnaient.

C'est dans saint Paul qu'il faut aller chercher la racine du contresens. Saint Paul parle parfaitement juste, mais sa langue fait des pointes sur la corde raide, elle est en éveil supérieur, et toute lecture un rien assoupie la fait tomber dans l'erreur. C'est ainsi que l'homme emporté par sa pesanteur réduit à néant la grâce de l'équilibriste.

Pour ce lecteur bas (Simone Weil l'a dit, la bassesse et la superficialité sont liées à la pesanteur), saint Paul est cet apôtre sévère qui fustige la chair et manifeste une solide misogynie. Bien des athées le récupèrent ainsi comme repoussoir du christianisme ; et bien des croyants trouvent en lui une justification morale à leur peur de vivre. Or nul n'est moins cousu de moraline que Paul de Tarse. Certes, il a des formules parfois étranges et très dérangeantes pour un esprit moderne. Ne dit-il pas des femmes que « comme le dit la loi de Dieu, elles doivent être soumises » ? Ne prétend-il pas qu'elles ne doivent pas parler dans les assemblées, que la décence leur ordonne de se couvrir la tête pendant le culte, et qu'il serait meilleur pour l'homme et la femme de ne pas se marier, si seulement ils pouvaient maîtriser leur désir ?

Oui, c'est bien ce qu'il déclare aux Corinthiens, et c'est sans doute ce que retiendra le Corinthien bas. L'auditeur un peu moins pesant entendra aussi, sur ces questions, que le corps du mari est à sa femme comme le corps de la femme est à son mari ; qu'ils ne doivent pas se refuser l'un à l'autre sauf s'ils l'ont décidé « d'un commun accord », juste pour la durée d'un temps de prière ; que « si un mari chrétien a une femme non croyante et qu'elle soit d'accord de continuer à vivre avec lui, il ne doit pas la renvoyer ; de même, si une femme chrétienne a un mari non croyant et qu'il soit d'accord de continuer à vivre avec elle, elle ne doit pas le renvoyer » ; que « de même que la femme a été créée à partir de l'homme, de même l'homme naît de la femme, et tout vient de Dieu. »

À ce niveau de lecture, il apparaît donc que Paul prône que soit marquée dans la vie publique la séparation des sexes, dans le respect de la coutume, mais en même temps leur nécessaire accord, et leur égalité de valeur. Ce sont là ses paroles telles qu'il désirait qu'elles fussent entendues par le plus grand nombre de ses auditeurs, lui qui disait enseigner « une sagesse aux chrétiens spirituellement adultes ». Mais l'essentiel de la parole de Paul se trouve dans son affirmation si vigoureuse que la Loi n'est rien. Paul est adulte, il ne s'en remet pas à Dieu comme un enfant à son père, tout en respectant sa Loi il tient à maintenir le dialogue avec Celui qui devient ainsi son partenaire et non un simple pourvoyeur de nourritures terrestres et spirituelles.

Paul est l'apôtre qui a le plus puissamment illuminé la portée révolutionnaire du message du Christ, l'homme de la Nouvelle Alliance. Celui qui proclame sans le moindre sentimentalisme la supériorité absolue de l'amour, et l'anéantissement de la mort. La Loi est un cadre et une aide mais aussi une paresse, un masque mensonger souvent, et une pesanteur. L'homme n'est véritablement libre que dans sa vérité profonde, qui est la grâce. Quand Paul dit que la femme, selon la loi de Dieu, est soumise, j'entends cette phrase dans sa vérité de grâce. Même si elle rappelle l'alliance mosaïque qui règle les rapports humains afin de conférer au peuple la paix, sociale et personnelle. Cette loi est encore trop superficielle pour le chrétien véritablement adulte. Pour le chrétien, la soumission de la femme dans la loi de Dieu ne peut être que la soumission de l'être à l'Esprit, le oui donné par Marie à l'Esprit venu la féconder.

Ainsi il ne s'agit pas de rejeter la loi mosaïque, mais de la dépasser. La loi mosaïque n'est pas fausse, mais elle ne devient juste que si elle est interprétée par chacun dans la grâce, par chacun en accord avec son Autre humain, et dans l'union avec l'Esprit. Marie est bien la nouvelle Ève, trois fois née de Dieu et non une fois de la côte de l'homme. Une première fois comme être humain né d'un homme et d'une femme mais grâce à son divin fils à venir, par immaculée conception ; une deuxième fois comme épouse du Saint-Esprit et mère de Dieu par la chair ; une troisième fois comme mère spirituelle désignée par Jésus sur la croix à Jean, et partant, à tous les hommes.

Dans la nécessaire séparation des sexes que rappelle Paul, je vois la marque de l'autonomie de l'être humain appelé femme. Cette séparation, au-delà du partage social des rôles, qui évolue en même temps que la société, dépasse justement la sphère sociale pour souligner la libération de l'homme et de la femme inscrite dans la Nouvelle Alliance. De même qu'au-delà d'Ève, avec Marie, la femme, mère et épouse de Dieu, ne descend ni ne dépend plus de l'homme, au-delà de la Loi, l'être humain, homme ou femme, ne dépend plus ni de son humanité, ni de son sexe, ni d'autres êtres humains. Car « tout vient de Dieu », c'est-à-dire du plus grand et magnifique espace de liberté dans lequel on puisse rêver de vivre.

« Lorsque ce qui est périssable se sera revêtu de ce qui est impérissable, et que ce qui meurt se sera revêtu de ce qui est immortel, alors se réalisera cette parole de l'Écriture : “La mort est supprimée ; la victoire est complète !”

“Mort, où est ta victoire ?
Mort, où est ton pouvoir de tuer ?”
La mort tient du péché son pouvoir de tuer, et le péché tient son pouvoir de la loi. »

La vie chez Paul se nourrit directement à la source de la vie (et non à la Loi mortifère), la vie est une immaculée conception, incorruptible par la mort.

L’être en éveil à chaque instant est appelé par la vie, à chaque instant la vie nous attend dans la vie éternelle, à chaque instant où nous nous unissons à elle nous sommes éternels, purs, rayonnants.

Ce 25 février 1858 ressemble fort à une immersion dans la sauvagerie. La vision tourmente la jeune fille. Elle lui demande d'aller boire de l'eau à la source. Bernadette ne connaissant pas de source ici se retourne vers le gave, mais la vision lui fait signe d'aller au fond de la grotte. Bernadette y va en rampant. La vision lui dit aussi de manger de l'herbe. Bernadette à quatre pattes mange des herbes qui poussent dans cette terre, grasse des excréments des vaches et des cochons qu'on y mène paître en été. Puis elle se met à creuser avec sa main. De l'eau vient, boueuse. À trois reprises elle en porte à sa bouche et la recrache. La quatrième fois, elle l'avale. Elle sort de là visage et vêtements barbouillés, dans la rumeur réprobatrice de la foule qui se sent comme insultée, la rejette, la pense folle. Personne ne lui dit rien, mais des témoins remarquent la gifle que sa tante lui envoie.

La nature est sale et l'homme est fou, voilà ce que semble signifier la vision de ce jour-là.

Or c'est ainsi qu'est trouvée la source.

Il y en a qui n'ont pas voulu admettre que la Vierge lui avait demandé de se souiller. Qui ont juré qu'elle était miraculeusement propre quand elle est repartie. D'autres l'ont vue se débarbouiller avec l'eau, et l'aide de sa tante.

Ni les uns ni les autres n'ont voulu songer un moment que la virginité de l'esprit ne pouvait s'assimiler à la virginité corporelle, ni à la pudeur.

De la *selva oscura*, forêt obscure, Dante entre en Enfer. Il lui faudra repasser par une forêt moins sauvage, la *selva antica*, pour, du Purgatoire, accéder au Paradis. Le paradis du chrétien est un Éden, un jardin, un *hortus conclusus*, mais certainement pas une forêt. Or il y avait cette forêt, au-dessus de la grotte, dont on ne parle jamais. Ces loups qui dans cette forêt suivirent l'abbé Peyramale, une nuit – ce qu'il ne confia à personne d'autre qu'à son frère. Il y avait derrière ces visions radieuses d'une vierge un quelque chose de sombre, touffu, inquiétant, humide, un autre Aquero, un Cela menaçant depuis la nuit des temps, et qui se résuma, ce jour-là, dans l'herbe et la boue que Bernadette dut absorber.

« L'humanisme, surtout dans sa version sartrienne exacerbée, a toujours d'une manière ou d'une autre horreur des forêts », écrit Robert Harrison. Le christianisme est un humanisme, il redoute aussi la nature, nature du monde ou nature de l'homme, l'une comme l'autre si dangereuses pour l'homme. Actéon a peur d'être mangé par ses chiens, le chasseur a peur d'être mangé par la violence de son désir lâché dans les bois. Il en est de même pour le chasseur d'esprit.

C'est ce que n'ignorent pas les sociétés primitives, où le dialogue avec l'autre monde est employé comme une science pour maintenir à la fois l'équilibre cosmique et l'équilibre de la communauté. Les chamanes utilisent des techniques, notamment l'isolement psychique et social, qui les mettent dans une situation et un état proches de ceux de Bernadette ou d'autres voyants au moment de leur vision. Les négociations avec les esprits pratiqués par ces guides spirituels, qui ont aussi vocation à guérir les malades et éclairer les choix politiques de leur communauté, sont en définitive un constant dialogue avec la substance spirituelle de la nature, cette Unité que certains appellent Grand Esprit.

L'humaniste se veut homme de culture, plutôt que de nature. Et le christianisme tient à se démarquer absolument des paganismes. Bien. L'homme « évolué » n'est pas animiste, il ne croit pas qu'un arbre ou une source soit dotés d'une âme, il ne croit pas non plus en une myriade de dieux au caractère humain, trop humain. Pourtant les Pères de l'Église voient en certains phénomènes naturels, tels l'aurore, l'étoile du matin, la terre féconde, l'arc-en-ciel, la nuée... des signes de la Vierge... également appelée lune, soleil, étoile de la mer, jardin, colline, source, rose, lys...

C'est que Marie est elle-même un phénomène naturel. Non une déesse, mais une femme. Et une mère nourricière, une femme de chair au sein de laquelle on voit boire l'enfant de Dieu. Une femme sans péché, innocente, comme la nature.

Quand elle dit à Bernadette « mangez de cette herbe qui est là », ce n'est peut-être pas seulement pour lui faire goûter leur amertume et lui imposer pénitence pour les pécheurs. C'est peut-être aussi, il me semble, pour lui dire que, tout comme l'eau d'abord boueuse se révèle bonne, le fait de manger de l'herbe, s'il paraît abaisser l'homme au niveau de l'animal, est pourtant en définitive une opération salutaire. Je veux dire, peut-être que la Vierge, qui elle-même apparaissait dans un trou de grotte obscure, a voulu nous signaler, à travers Bernadette, qu'il serait pour nous salutaire de nous rappeler que nous sommes aussi de la nature. Que nous sommes des agneaux de Dieu, que c'est sa Création qui nous nourrit, et que nous devrions la respecter, tout comme il est important de se souvenir qu'avant d'être boue, l'eau qui jaillit de la source est pure et bienfaisante.

Herbe ou chair, la nature attend que nous lui reconnaissions sa beauté et son innocence. Si les apparitions de la Vierge sont aussi un moyen pour Dieu de manifester sa Beauté dans tout son éclat, elles sont en même temps une incitation à ouvrir les yeux sur sa beauté voilée, celle qui se cache sous l'apparence de la laideur et ne demande qu'à être dévoilée. Or les hommes se sont fait une spécialité d'ensevelir leur beauté spirituelle sous des masques de cynisme ou de fausse beauté qui ne font que révéler leur misère, en attendant l'amour vrai qui saura les mettre à nu, les déshabiller vêtement après vêtement jusqu'à laisser jaillir leur pur être de grâce.

Au moment où elle révèle la source, Aquero s'est montrée neuf fois ; elle reviendra neuf fois encore. Les rouages du processus sont invisibles ; pour ne pas le gripper, il faut s'en remettre à lui, suivre le mouvement. C'est une peste positive qui s'est emparée de Lourdes. Malgré les déceptions et les doutes, la fascination autour de l'expérience de Bernadette se répand comme par contagion, inexorablement. Passé la guerre, Artaud voyait en la peste une maladie morale. Lourdes est une guérison morale. Dans l'un et l'autre cas c'est une mutation du monde qui est en jeu.

Le 27 février, deux jours après, malgré le soupçon de folie qu'elle a inspiré aux trois cents témoins de la dernière fois, huit cents personnes sont là. Aquero ne dit rien, Bernadette rampe à genoux, va boire.

Le 28, il pleut. Devant plus de mille personnes, elle embrasse la terre mouillée. Terre, pluie, ciel, foule, grotte, gave, source, roche, communion cosmique et humaine. Ensuite elle est emmenée chez le juge, qui la menace de prison. « Qu'ils m'y mettent, ils m'en sortiront. » Autant Bernadette est soumise pendant l'extase à la volonté de sa vision, autant elle reste ferme face aux manœuvres des hommes et des autorités qui voudraient la faire plier. Manifestant une constance, une tranquillité et un aplomb qui laissent pantois ou fort énervés ces messieurs habitués à inspirer de la crainte, et qui devraient en inspirer d'autant plus à une pauvresse de quatorze ans toute petite et timide.

Le lendemain 1er mars, malgré le sermon du juge, Bernadette est à son rendez-vous, en compagnie de mille cinq cents témoins.

Ils sont encore plus nombreux le 2. Celle que tous appellent la Dame a un message pour les prêtres : « qu'on vienne ici en procession et qu'on y construise une chapelle ». Au retour, Bernadette va voir l'abbé Peyramale, qui se tient toujours prudemment à l'écart, comme le reste du clergé. Monsieur le curé, très imposant lui aussi, répond que si cette Dame veut une chapelle, il faut qu'elle dise son nom, et fasse fleurir le buisson où elle apparaît.

Le 3 à l'aube, trois mille personnes sont sur place. Quelque chose ne va pas, soit dans le cœur de la foule, soit dans celui de Bernadette, soit dans les deux. Ici l'invisible et le visible communiquent étroitement. La vision ne vient pas. Bernadette se retire, mais y retourne après l'école. La Dame se montre à la jeune fille, qui lui demande son nom et n'obtient pas d'autre réponse qu'un *gracieux sourire*. Retour chez l'abbé Peyramale, qui lui aussi campe sur ses positions.

Le 4, jour des dix mille féniants, la vision reste muette, rien ne se passe. Bernadette va rester trois semaines sans retourner à la grotte. Les quinze journées de rendez-vous demandées au début par Aquero sont écoulées. Et le processus sait quel temps il lui faut.

Depuis la découverte de la source, des rumeurs de guérison circulent, pas toujours très probantes mais sans doute suffisantes pour ne pas décourager totalement tous ceux qui espéraient un miracle pour cette dernière journée.

Le jeudi 25 mars, jour de l'Annonciation, Bernadette se sent de nouveau appelée à la grotte.

je le lui ai demandé de nouveau pendent trois fois de suite elle souriait toujours
enfin je me hasardai une quatrième fois, et ce fut alors quelle me dit
en joignant les mains à la hauteur de la poitrine
qu'elle était l'Immaculée Conception
Ce sont les dernières paroles qu'elle m'a adressées
Elle me dit autres choses que je ne puis révéler à personne
(Sixième récit autographe, un brouillon dans son carnet.)

Aussitôt la vision disparue, Bernadette se dépêche de rejoindre le lieu de l'actuelle bibliothèque, en se répétant tout au long du chemin ces mots qu'elle doit rapporter à l'abbé et qu'elle ne comprend pas : « Que soy era Immaculada Councepciou », « Je suis l'Immaculée Conception ».

L'abbé sera désemparé par eux, lui aussi. Bien sûr il connaît le dogme promulgué quatre ans plus tôt, mais cette formule, cette façon de dire... Je suis... une abstraction !

Au cours des semaines et des années suivantes, la phrase de la Dame rapportée par Bernadette sera souvent déformée. On dira et on écrira que l'apparition s'est présentée comme Vierge Immaculée, par exemple.

C'est un peu comme si elle avait dit « Je suis la Virginité », au lieu de « Je suis la Vierge ». En plus étrange et mystérieux encore. La Dame n'a pas fait fleurir l'églantier, mais elle a prononcé une formule magique. Ces mots, Immaculée Conception, sont déjà en eux-mêmes difficiles à comprendre. Mais que peut bien vouloir dire le fait d'*être* ces mots ? Non seulement Elle est née de ces mots, mais Elle dit : je suis ces mots.

Elle est née de l'Esprit qui se manifeste par le Verbe. Elle est eux parce qu'au-delà du temps Ils sont en Elle, Ils lui donnent vie et Elle leur donne vie. Cette apparition céleste est en même temps à chaque instant la femme qu'elle fut, en chaque instant de son histoire. Par Elle Dieu redouble l'incarnation, l'Alliance nouvelle entre Lui et les hommes. S'Il confirme ainsi que nous sommes faits à Son image, à écouter attentivement la déclaration de la Dame de Massabielle, nous pouvons une nouvelle fois songer que, suivant le *fiat* divin, nous sommes nés des mots et du souffle de Dieu, mais aussi que chacun de nous fait partie de Sa langue, que notre vie est celle des mots qu'Il prononce toujours de nouveau pour la première fois afin de donner vie au monde, que nous sommes de ces mots.

Et la romancière que je suis se demande : Ses mots Lui échappent-ils, à Lui aussi ? Utilise-t-Il ses mots pour arriver à Se connaître, et le monde qu'Il a créé ? Alors c'est à moi, être humain, de m'oublier pour avoir la grâce de lui servir de Miroir, ainsi qu'il en fut à l'instant où Il me créa, ainsi qu'il en est à tout instant, si je ne m'empoussière pas et reste pour Lui une petite lumière réfléchissante.

Si je suis un concept de Dieu, mon corps mortel est transcendé, mon corps d'être humain a la valeur de l'encre qui s'efface au cours du temps mais qui porte quelque chose d'intemporel, il a l'utilité de l'encrier où l'esprit puise de quoi manifester la vie, je suis comme Marie christophore, porteur de christ, j'ai ce privilège, cette joie, cette douleur, et aussi cette responsabilité. L'esprit précède la matière, l'esprit crée la matière afin de pouvoir y puiser, la trouer, la traverser, en renaître. L'essence précède l'existence, qui précède la nouvelle essence qui est l'essence-de-toujours. Tel est le principe révolutionnaire. Un principe de révolution permanente, qui est résurrection permanente. La résurrection ignore le futur, elle est processus en train d'avoir lieu, ou pas. Chaque fois que nous renonçons à suivre son processus, chaque fois que nous ôtons notre alliance et quittons la couche de l'invisible, nous entrons dans le monde corruptible, nous redevenons viande mortelle et nous propageons la mort. « Celui-là mange de l'arbre de la science du bien et du mal, qui suit sa volonté propre », dit saint François d'Assise.

Avec cette formule, « Je suis l'Immaculée Conception », on pourrait dire que Bernadette parle « en langues » : une langue à la fois plurielle et universelle. Quelle que soit la langue en laquelle elle sera traduite, elle restera polysémique, énigmatique, et en même temps lumineuse, active, physiquement attractive. Cette formule a remplacé le fleurissement du buisson demandé par l'Église parce qu'elle était, à sa façon en même temps discrète et éclatante, un miracle.

Bernadette verra deux fois encore la Vierge. Le 7 avril, six jours après. Il y a du vent, la foule prie avec elle. Pour protéger la flamme de son cierge, tout en continuant de regarder là-haut dans la niche de la grotte, elle l'entoure de sa paume, plusieurs minutes durant. Elle ne se brûle pas, le médecin est là pour le constater. Les gens assoiffés de miracles se chuchotent voluptueusement celui-ci. Aquero ne dit rien.

La dernière fois, c'est le 16 juillet. Bientôt trois mois qu'elle n'y est pas retournée, mais ce jour-là, ça l'appelle de nouveau. Les autorités ont fait installer des palissades pour empêcher l'accès, qu'on n'a pu interdire autrement. Elle s'agenouille de loin, de l'autre rive du gave. Elle apparaît, silencieuse, plus belle que jamais. Bernadette ne voit pas la distance, elle se sent comme de l'autre côté, elle La voit là, rayonnante, toute proche, si proche.

Voilà, c'est fini.

C'est fini, la rencontre. Toutes ces rencontres. Ce temps qui fut long, si long, de la rencontre.

C'est fini, mais ça continuera à vivre.

Parce que l'amour refuse de mourir.

Le ciel le sait, le ciel qui palpite à l'ombre de tes côtes, dans ta grotte, là en bas, dans la boue d'où jaillit la source de vie, et là-haut, dans la trouée de lumière, par-dessus les épines qui tantôt fleurissent et tantôt blessent le cœur.

Sur les parois de la grotte de Massabielle, se posent chaque année des millions de mains de pèlerins.

Pourquoi font-ils ça, les pèlerins ? Pour traverser la matière, toucher à travers elle l'invisible. Cette grotte est constellée d'empreintes de mains avalées par la pierre, de signes non inscrits, de grands animaux projetés par la peinture mentale de notre regard secret, inconnu même de nous-mêmes, grands animaux de nos angoisses et de notre reconnaissance.

« Cette grotte est devenue le siège d'une étonnante école de prière », disait ici Jean-Paul II, l'été 2004. J'étais alors là-haut, dans mes montagnes, tout près à vol d'oiseau, à songer à ce qui se passait là-bas en regardant de temps en temps tourner dans le ciel un hélicoptère de sécurité, tandis que toutes les routes d'accès à Lourdes étaient fermées.

Merci, jeune fille. D'avoir eu assez de persévérance pour pouvoir transmettre les messages. Pénitence et prière, a dit la Vierge. La pénitence c'est la conversion, je le sais depuis peu. La conversion, comme au ski. Un changement de direction, à effectuer avec décision, souplesse et fermeté. L'esprit aime les joies de la glisse, et qu'on y soit agile. Prière. Il y a des mots qui sont de la musique, pour y aider. Des rythmes, des mélodies, des orchestrations. Percée de l'opaque, conversation d'oiseaux, participation au monde (je dis monde parce que je n'aime pas dire Dieu, ça me gêne de Le nommer), danse. Que pourrais-je dire de plus à tout ça, moi qui n'y connais rien ? Je te dis merci, jeune fille, et je me tais.

Merci aussi de continuer à affronter les regards moqueurs pour offrir ce qu'il te fut donné d'offrir. J'ai oublié de dire une chose qui me semble importante. Pour écrire ce livre, j'ai lu aussi des livres sur les chamanes, et sur les apparitions mariales. J'ai appris que les transes des chamanes ont été étudiées par des neurobiologistes, et qu'on n'y a pas trouvé trace d'hystérie. J'ai lu la même chose à propos des voyants de Medjugorje. L'extase mystique n'est pas une maladie.

Certains savants qui ont trouvé quelle partie du cerveau activer pour déclencher des extases mystiques, en déduisent très bêtement qu'il s'agit d'un phénomène tout simplement physiologique. Si j'ai des électrodes sur le crâne au moment où l'on me plante un poignard dans le cœur, je ne doute pas que les médecins verront l'impact de la douleur dans ma matière grise, que ce coup de poignard me soit infligé par une parole blessante ou par une arme blanche. J'ai honte pour l'espèce humaine de vivre un temps où j'en suis à essayer d'expliquer que nous ne sommes pas des machines. Que l'être vivant vit autrement que ne « vit » une grenouille de laboratoire qui s'agite quand, en cours de dissection, on lui fait subir des impulsions électriques.

Les médecines de la psyché, la sociologie, les sciences cognitives, etc., toutes sciences respectables et souvent passionnantes, sont également capables de démonter toute grande aventure humaine comme un mécanicien le ferait d'un moteur. Notre temps, orgueilleux et blessé, est celui d'un acharnement féroce contre le mystère et contre l'humain. C'est pourquoi nous détruisons la nature, en laquelle parle aussi ce que nous appelons le divin, cette part d'être qui nous dépasse. C'est pourquoi nous faisons semblant d'aimer la nature et d'aimer le mystère, alors que nous ne faisons que vénérer des idoles, de fausses figures et des figures du faux.

Nous n'avons de véritable foi qu'en la science, mais notre crédulité envers toutes sortes d'illusions, du consumérisme ordinaire aux recettes du fast-bonheur, ne connaît pas de bornes. La charlatanerie spirituelle est devenue tellement universelle que souvent nous ne savons pas la reconnaître. Le goût de la facilité était déjà présent du temps de Bernadette, bien sûr. Mais il me semble que la paresse humaine n'a jamais été aussi grande. Quand nous nous voulons plus lucides, nous sombrons dans le sentiment de l'absurde, le désespoir ricanant voire meurtrier, ou bien la délectation morose, autres formes du renoncement qui sont autant de figures de la grande maladie générale que l'on pourrait appeler acédie, et qui souvent s'ignore.

Je fais ce rêve, ici à Lourdes où je suis en cet instant par la pensée, que cette grotte, que ce gave, que cette prairie des sanctuaires, soit un jour le lieu où puisse s'établir sans contrat une nouvelle alliance pour les siècles qui viennent, une alliance sans A majuscule, passée par chacun en son cœur selon le déploiement de sa propre spiritualité, de son ancienne religion, enrichie de la leçon des religions plus anciennes encore, des spiritualités primitives pour lesquelles l'homme était partie intégrante de toute la nature. Je fais ce rêve qu'ici, dans ce cadre magnifique, chacun puisse aussi méditer sur le message de l'herbe et de la source, à la fois symboles et éléments du réel avec lesquels nous devons vivre en bonne intelligence, de même qu'il nous faut essayer de vivre en bonne intelligence avec notre propre nature, corps et âme. Je fais ce rêve qu'en ce lieu que j'aime, au bord de l'eau, au pied de la roche et de l'ancienne forêt, dans la vaste clairière veillée de montagnes, très longtemps encore des hommes et des femmes du monde entier viennent retrouver le goût de la vie, c'est-à-dire du combat spirituel, en même temps que la paix dans l'union renouvelée du visible et de l'invisible.

Pour les premiers chrétiens, « Marie n'était pas la bonne femme des dévotes, mais cet être flamboyant conçu par Dieu à l'Aurore. » Je ne peux m'empêcher de penser à cette phrase de l'historien André Blanchet quand je vois cette statue de Fabisch, dans la grotte. Pour moi, je voudrais qu'il n'y ait rien, comme à l'origine. Je comprends que beaucoup de croyants, en y accrochant leur regard, atteignent l'invisible. Mais je ne peux m'empêcher de penser que pour la plupart, c'est une facilité. Pourquoi la religion devrait-elle être facile ? Je ne peux m'empêcher de penser que cette statue a détrôné Aquero. Qu'elle en est une représentation fausse. Qu'elle lui interdit de revenir. Je ne peux m'empêcher de nourrir des soupçons envers mes frères humains qui ont éprouvé le besoin de remplacer une Immaculée Conception par un bloc de matière à laquelle on a donné des formes normalisées et figées.

En somme je suis jalouse. Je suppose que Bernadette a éprouvé un peu le même sentiment, quand elle a vu la statue. Elle a dit que ce n'était pas ça du tout, elle n'était pas contente. On a préféré ne pas l'inviter à l'inauguration. Tant mieux. Mais même si la statue avait été ressemblante, à supposer qu'elle pût l'être ne serait-ce que de loin, il me semble que Bernadette aurait été tout de même blessée qu'on lui remplace sa vision par un objet.

Bernadette et moi, nous avons sûrement tort. Évidemment qu'il a fallu mettre là une sculpture. Évidemment que c'est ce que font les hommes depuis la nuit des temps, représenter leurs visions. Que c'est par ces représentations qu'ils communiquent avec le divin, et du même coup entre eux. Dans la Grèce antique, le mot qui désignait les statues contenait l'idée qu'elles étaient le lieu d'un perpétuel avènement. Je peux me désoler aussi que la statue de Massabielle flatte peu mon sens esthétique, mais je dois l'admettre, c'est ainsi, à travers elle des millions de femmes et d'hommes parlent avec la Vierge.

Et puis, c'est ce que je viens de faire aussi, avec mes mots. Modeler une forme pour essayer, après bien d'autres, de donner en partage ma vision de cet événement, Lourdes. Sans doute, si jamais tu en as connaissance, n'en seras-tu pas satisfaite non plus, Bernadette. J'espère avoir laissé assez de vide dans ma construction pour que chacun puisse la visiter ou l'habiter à sa façon. Tu n'es à personne, jeune fille, et je ne veux en rien m'approprier ton être que j'ai appris à aimer. Ni bien sûr ta vision. J'ai de la peine de savoir que dans quelques heures, peut-être même plus tôt, dès que j'estimerai avoir fini ce livre, je retirerai ton image de mon écran d'ordinateur. Je ne te verrai plus en me levant, ni avant d'aller me coucher. Je penserai à toi, mais tu ne seras plus là pour les yeux de mon corps. C'est ainsi, il faut que tout finisse, afin que rien ne meure.

Il arrive que, par un petit matin d'hiver, vous partiez, misérable, ramasser vos os et votre bois mort, et que vous rencontriez la vie.

De nouveau, là où vous ne l'attendiez pas, et dans une lumière que vous ne lui connaissiez pas encore.

Barèges, 15 décembre 2006-
Paris, 12 mars 2007.

Dans la même collection

Dieu commence chaque matin, Yann Andrea, 2001.
En présence du Dieu absent, Georges-Arthur Goldschmidt, 2001.
Si peu, Jean Grosjean, 2001.
Dieu et l'art de la pêche à la ligne, Marc-Alain Ouaknin, 2001.
Ce long périple, Charles Juliet, 2001.
Une question d'enfant, Anne Dufourmantelle, 2002.
Dieu n'est pas un pur esprit, Roger Fauroux, 2002.
Le grand apiculteur, Gérard Garouste, 2002.
Le Dieu du Moyen Âge, Jacques Le Goff, 2003.
L'inachevé, Olivier Py, 2003.
L'anagramme du vide, Frédérick Tristan, 2005.
Dieu est avec vous (sous certaines conditions...), Stéphanie Janicot, 2007.

Mis en pages par DV Arts Graphiques à La Rochelle,
cet ouvrage a été achevé d'imprimer
par Legoprint à Trente
en février 2008
pour le compte de Bayard Éditions

Imprimé en Italie
Dépôt légal : février 2008
N° d'édition : 8744-01